铜陵古今印记

尹定根◎著

安徽师范大学出版社
·芜湖·

图书在版编目(CIP)数据

铜陵古今印记 / 尹定根著 . — 芜湖：安徽师范大学出版社，2019.1
ISBN 978-7-5676-3880-8

Ⅰ.①铜… Ⅱ.①尹… Ⅲ.①铜陵 - 地方史 Ⅳ.①K295.43

中国版本图书馆CIP数据核字(2018)第276753号

铜陵古今印记　　尹定根◎著

责任编辑:房国贵
装帧设计:陈　爽
出版发行:安徽师范大学出版社
　　　　芜湖市九华南路189号安徽师范大学花津校区
网　　址:http://www.ahnupress.com/
发 行 部:0553-3883578　5910327　5910310(传真)
印　　刷:虎彩印艺股份有限公司
版　　次:2019年1月第1版
印　　次:2019年1月第1次印刷
规　　格:700 mm ×1000 mm　1/16
印　　张:11.75
字　　数:147千字
书　　号:ISBN 978-7-5676-3880-8
定　　价:46.80元

目　　录

铜陵古今谈

名人与铜陵

铜陵古今谈

“铜陵”地名考释

铜陵，位于安徽省中南部，长江下游。方志和史料记述，历史悠久，因铜闻名，依铜发展，以铜兴市。地名之称，彰显历史文化资源，传承历史地理特征，弘扬历史轩昂魅力。铜陵历史沿革独特之地名，岁月“三铜”，铜地溯源，铜官矿冶，铜陵名位，三千多年生辉，名垂青史流芳。

一、铜地——历史沧桑沿革

铜陵境域历史沿革，古来特树一帜，使用“铜地”记述，展示地方文化特色。明嘉靖《铜陵县志》载，历春秋铜地属吴，战国铜地属楚，秦铜地属鄣郡，汉铜地属丹阳郡，三国铜地属吴（临城、春谷），晋铜地属宣城郡南陵县，南朝铜地属宣城郡和南陵郡，隋铜地属宣州，唐铜地属宣州（宣城郡），后置义安县，五代铜地俱为宣城郡义安县，南唐铜地属升州铜陵县。

今铜陵东北部和芜湖繁昌地区，西汉武帝元封二年（前109），设置春谷县，治所临江（今繁昌萩港苏村），属鄣郡，后改为丹阳郡。西晋太康二年（281），撤丹阳郡南地设宣城郡，治所宛陵（今宣城市区）。西晋发生“八王之乱”，永嘉南迁。东晋大兴元年（318），中原临颍县士族南移，流聚春谷县东北，侨置繁昌县，两县并立。太元八年（393），改春谷县为阳谷县。义熙九年（413），阳谷县并入于湖县，唯存繁昌，属宣城郡。南朝梁普通六年（525），以东晋于长江南岸赭圻城（今繁昌县芦南镇）和原阳谷县域置南陵县并设南陵郡。隋平陈，废南陵郡，仍存南陵县。唐长安四年（704），南陵县治由赭圻城迁移到青阳城（今青阳县城关）。

今铜陵南部的天门、大通镇等地，和今南陵南部、今青阳北部的三大地域，《青阳县志》和史料记述，三国吴赤乌八年（245），设置临城县，属丹阳郡，后属宣城郡。东晋义熙元年（405），中原颍川郡定陵东舞阳士族民众南迁，在临城县北部，侨置定陵县，面积600平方千米。南朝梁、陈时属南陵郡，定陵县治管埠（汉代集市，七星河畔）。隋开皇九年（589），定陵、临城并入南陵县，属宣州，原管埠改称定陵乡（今丁桥镇）。

唐文德元年（888），分割大县南陵，划荻港河以西的工山、安定、风台等地，划原定陵县梅根河以东的西部地区，设置义安县，治所古临津驿顺安，属宣州，成为今铜陵市县地域的初步版图。

二、铜官——千秋矿冶生辉

考古发掘和史料记述，铜陵早在先秦的夏商周时期，成为铜采冶铸的重要产地，创造了地方特色的青铜文化。《汉书·地理志第八上》记载："丹阳郡……有铜官。"汉武帝元封二年，设置当时全国唯一的机构"铜官"，对铜矿采冶铸事宜实行专门管理和监控，促进发展了铜产业的技术和规模。鉴于"铜官"的历史作用和经济价值，先人选择产铜的山峦中最高峰为标志，将此山更名为"铜官山"。

东汉永平年间，社会经济进步，为做好铜产业的运输和物资交换，发挥长江水道交通的便捷，选择长江口岸的江浒集市，沿用"铜官"，设置铜官镇（今五松镇）。实行协调事务，起着重要的社会作用。

青铜时代后，进入铁器时代。秦代起，铜之用途集中于货币冶铸和社会用品制造，其中主要是铜币和铜镜等。历代朝廷对铜陵地区的铜采冶铸事业高度重视。到了隋唐宋时期，对铜官机构有所变动，虽然改称"冶""坑"等，但仍以"铜官"为主，实行专人负责管理，不允许民间介入。

北宋初《太平寰宇记》载："铜陵县自汉以来，皆烹铜铁。"三国吴时期，铜官山下冶炼兵器，铸钱，设置梅根冶。《隋书·地理志》载："南陵县自齐梁之代为梅根冶，以烹铜铁。"明代嘉靖《铜陵县志》述："齐梁时置冶炼铜立场与铜官山下，去镇十里。"

《新唐书·地理志》载："南陵……置有鹊头镇兵，有梅根、宛陵二监钱官。"开元二十六年（738），"宣、润等州初置钱监，两京用钱稍善。"朝廷特派铜官监督铜业，由于铜官山产铜多而利国，被封为利国山。光绪《重修安徽通志》载："利国山在南陵县西一百一十里，出铜供梅根监。"《元和郡县志》载："梅根监并宛陵监，每岁共铸钱五万贯。"这在古代是一个惊人的数目。唐代中期，宣州钱监有十炉，集中于南陵（含铜官山地区），产"开元通宝"钱币等。

天宝十三年（754）秋，诗人李白游历南陵铜官山矿冶风光，赋诗《答杜秀才五松山见赠》自注："南陵有铜官冶，即梅根冶也。"另有诗句记述"铜官几万人"，并深情吟到："我爱铜官乐，千年未拟还。"贞元十六年（800），著名诗人（进士）顾况撰《宛陵公署记》载："为平民铜官战马。"历史证实，铜官山地区先秦汉唐时期，矿冶久负盛名，具有独特的历史文化品牌。

青铜壁

三、铜陵——名垂青史辉煌

唐朝建立后到开元年间，经济得到极大繁荣，江南也得到快速发展，加上优越的自然条件，宣州成为当时江南重要的中心城市。安史之乱被平息后，又遭遇藩政之祸，经济从此趋向衰落。

唐文人陈简甫（进士），于大历四年（769）三月，撰《宣州开元以来良吏记》语："宣州秦故郡之地，阻以重山，缘以大江，封方数百里，而铜陵铁（一作铜）冶，繁阜乎其中……开元癸酉岁（733），国家以天下久平，四海繁富。"记述开元年间宣州辖南陵（今铜陵市），矿冶繁荣昌盛，物阜民丰。证实当时"铜陵"之名，已载入史籍方志，流播名扬。

诗仙李白晚年于天宝十二年（753）秋南下始，先后六次来往宣城，相见官宦并结交，得知地方文史，游览作诗六十多首。天宝十三年（754）秋，李白与南陵常赞府，同游五松山、铜官山，赋诗赞扬五松山。在几首诗题注有铜坑、铜井等地名。诗人生动描绘了铜官山矿冶宏伟场景，“铜井炎炉歊九天……回禄睢盱扬紫烟”。安史之乱，李白避难到庐山。至德二年（757）初，李白受邀下山入永王李璘军幕东巡，二月兵败丹阳。李白南奔后被获罪，旋陷浔阳狱。御中丞宋若思为李白推覆洗雪，秋获释放，邀为参谋掌文书事务，作《为宋中丞请都金陵表》，文中记述：“银坑铁冶，连绵相属。铲铜陵为金穴，煮海水为盐山。”李白忆三年前游铜官山矿冶历程史话，忆汉初吴王濞“即山取铜，煮海取盐”的历史事件。又忆曾在宣城了解铜官管监南陵产铜业绩，认定名号“铜陵”的矿冶开发价值，具有一定的社会作用。

五代天福二年（917），徐知诰废吴杨溥而自立为帝，以大唐李氏继承人自居，改名李昪，国号南唐，都金陵。南唐积极发展农业，鼓励工商业，几年后出现相对和平安定而繁荣局面。中主李璟继位，曾有重温大唐帝国旧梦的欲望，一度开疆拓土，东灭闽，西灭楚，地广千里，达到升平景象。保大年间（943—957），在割据的五代十国中，南唐地处江淮境域最大，社会经济繁华。明代嘉靖《铜陵县志》载：“南唐保大九年（951），改义安县为铜陵县，移治于今之江浒，即古之铜官镇也，地属升州（含南京）。”

文献阐述，铜地产铜，历史悠久；铜官理事，矿冶兴盛。李白诗文物议指名“铜陵”。本意铜藏于山陵，史实铜产之南陵。南唐即圆成意愿，又符合世道，承前启后，恢宏发展，改义安为铜陵县，列入史册，展示文化内涵丰富，千年流传世间，具有一定的历史意义和社会价值。

（2015年2月）

铜官山古代矿冶史话

铜陵地处安徽中南部，悠久历史三千多年，誉称中国古铜都。铜陵市东南郊的铜官山，古名“即山”，又称“籍山”，最高峰493米，北麓相连为八座高低不等的山系，蕴藏着丰富的金属矿产资源。方志和史料记述，从古到今，为江南产铜的重要基地。考古发掘矿冶遗址和文物，见证了中国古代青铜及冶金历史发展进程，丰富了青铜文化内涵，具有重要的历史意义和社会价值。

一、境地特点，文物精华

铜陵地区位于扬子台坳的中部，区内地质构造复杂，岩浆活动频繁，主要为小型侵入体。铜陵为长江中下游成矿带的重要矿区，其中铜官山地区矿产资源丰富，尤以有色金属铜矿著称。

铜官山矿区由铜官山北麓相连的松树山、老庙基山、小铜官山、涝山、宝山、白家山、笔架山、罗家村等八个矿带（段）组成。矿床产出于铜官山背斜北西翼石灰系黄龙组、船山组白云质灰岩、大理岩和二迭系栖霞灰岩与石英闪长岩的接触带上，泥盆系五通组石英石与黄龙组白云质灰岩的界面中。矿石自然类型以含铜石榴子石矽卡岩，含铜磁黄铁矿、黄铁矿型为主。矿体赋存地表为较浅氧化矿，深部为硫化矿。矿体上宽下窄，形态为层状或似层状透镜体。矿物以铜为主，并和铁、硫、钼、金、银等多元素共生。铜品位较高，储量丰富，利于开采。

文物是历史长河中的文化积淀，展示先人智慧的结晶，凝聚古代文明的辉煌。铜陵文物年代久远，种类繁多，内容丰富，工艺精美，异彩纷呈。经过多年的发掘、保护、研究和修复，其成果显著。

七十多年来，铜官山地区经济社会发展，在开矿、筑路、城建等工程中，所发现的文物资源，有古代采矿冶铜遗址十多处，有历代的建筑遗物板瓦、筒瓦和生活器皿残片等，还有新石器时代的石刀、石斧等。尤其出土精致的百余件青铜器中，有商代早期的爵、斝等，有春秋的匜、盉、甗、鼎、编钟等，有东周的各种兵器如戈、矛、剑等，有汉代的铜罴、铜俑、铜镜等，有唐代的铜印、铜镜等，有元代的铜权、铜镜等，有明代的铜镜、银锭等。采矿工具有春秋以来的铜凿、铜镦、铁斧，水桶、水车、支柱，平锤石、辘轳构件，铸范、合范等，另有楚、齐、唐、宋等铸铜钱币。

众多铜业遗址、文物和资料，佐证了铜官山地区早在商周时期，就开始了铜业活动，对促进和繁荣古代江南的社会经济发展，起着很重要的历史作用，在全国占有领先地位。

二、地域沿革，矿冶历程

方志和史料记述，铜官山地区沿革和矿冶铜业发展，历史悠久闻名。铜官山脉与长江之间的地域，矿产资源丰富，自然条件优越。远在新石器时代，就有人类生息，从事生产劳动。商周时期，初兴铜矿采冶铸活动。西周淮夷曾南下掠金（铜）。地域春秋属吴国，战国属楚国。吴头楚尾不同文化的汇集地，矿冶铜业已有一定的规模。秦统一中国，推行郡县制，铜地属鄣郡陵阳县。

西汉武帝元狩二年（前123），铜矿冶铸活动发展壮大，并产生有效的社会经济作用。元封二年（前111），国家为加强对产铜地的监控，在郡设置全国唯一的机构“铜官”，主管铜采冶铸事宜。古代不可能像后来那样，将山系中众多山冈逐一取名，选择相连的山系中最高峰为标志，古称“即山”，后更名为“铜官山”。《后汉书》记述铜矿冶业，东汉明帝永平年间，铜官山下至长江的江浒集市设置“铜官镇”（今铜陵义安区），产铜，制铜镜、钱币等。矿冶铜业的生产规模和技术水平，在当时具有领先地位。

三国时期，铜官山北麓设置炼铜场（梅根冶），采铜冶铸兵器和钱币。西晋太康二年（281），铜地属宣城郡春谷县（383年改名阳谷县）和临城县。东晋初，陕西流民随晋室南迁后期，于义熙九年（413）废阳谷县，在其南部地域侨置定陵县，属宣城郡。晋代铜官山地区仍有“梅根及冶塘”，从事矿冶活动。南朝齐梁时置冶炼铜场于铜官山下，距铜官镇十里。三国至南北朝时期，虽然南北方征战先后三百多年，但铜官山地区比较太平，未受到很大影响，矿冶铜业仍然断断续续地得到一定的发展。

隋开皇九年（589），定陵县并入南朝梁于六年（525）设置的南陵县，治所赭圻城（今繁昌县芦南镇），后于唐长安四年（704）移治青阳城（今南陵县城关），时属宣州。大业三年（607），改宣州为宣城郡。

唐初，铜地仍属南陵县。武德三年（620），改宣城郡为宣州。天宝元年（742），又改宣州为宣城郡。乾元元年（758），改郡为宣州，直至北宋。唐文德元年（888），析出南陵县西境5乡地域，设置义安县，治所顺安，属宣州，铜地属义安县。朝廷于宣州设钱监，所属南陵县的铜官山，在原有的基础上，采矿、冶炼、铸造的规模、产量、技术等，都发展到一个新的水平，比汉代有了更大的进展，在全国占有很重要的位置。

五代南唐，铜官山矿冶业的经济价值得到关注和发展，册封铜官山为利国山，继续开发铜矿业。南唐保大九年（951），改义安县为铜陵县，阐扬历久产铜的宝地福山之神韵，提升铜陵社会历史地位，名垂千秋。

宋初开宝七年（974），铜陵县（铜官山）属池州。朝廷在铜官山下设置采铜机构，为利国监。铜官山产铜，属于本地利国监，后期供应给池州永丰监。《宋会要缉稿·食货》记载："至道二年（996）十月，池州新铸钱监曰永丰。"为全国四大钱监之一，原梅根监被永丰监取代。史料记述，北宋中期与北方金人长期的对峙局面，铜官山及外围地区，受到一定的干扰影响，渐趋冷淡。绍兴三年（1133），永丰监取消归并饶州（今江西），此后当地铜矿冶业走向衰落。宋《舆地纪胜》记载："利国山，在铜陵，以水浸铁烹铜，泉源虽冬夏不竭。”表明宋初，就地取材进行的“源铁浸铜法”的湿法炼铜已在铜陵用于生产。

元代，铜陵铜官山属池州路，因战争与农民起义频繁，铜官山矿冶业受其影响停滞下来。明清铜地属池州府，明代朝廷实行派官直接经营矿业为官矿，生产规模较小。宣德十年（1435），罢各处金银铜铁等官矿，封闭坑冶。中后期，云南省产铜逐渐兴起发展，处于重要地位。清兵入关后，采取严格的重农抑商政策，使用多种手段，灭掉原有矿场，重视保住“滇铜”（云南）。整个清代，铜官山地区矿冶几乎未进行作业。清末光绪年间后期，英日商人来铜意图开矿，受到爱国民众抗议抵制而停止。民国早期，历经曲折，一度兴起，因资金不足等而停办。抗日战争期间，日军于1938年年底组成“华中矿业股份有限公司”，下设铜官山矿业所，1940年开始进行地质勘探，掠夺性开采铜铁，直到日本投降而停。

三、采矿史迹，千秋生辉

方志和考古发掘记述，铜官山北相连的松树山、老庙基山、小铜官山、涝山、宝山、笔架山等山系，中华人民共和国成立初期开采建设以地貌、古迹等起名的矿区，发现有十多处古代开采铜铁遗迹。古人聪敏利用特色植物铜草花寻找铜矿，因地制宜进行开采，由原露天采矿转入地下开采，先后发现有废石堆积、坑道、老洞、残矿、实物等。开采部位主要是矿体上段的氧化富集带及次生硫化物富集带的矿石，其品位高，又易采，方便运输，就近选择铜官山北边的适宜平川地带统筹冶炼，采冶范围约6平方千米。可见铜官山地区开采矿业规模宏大，历史悠久。

中华人民共和国成立初期，国家重点列项建设工程，设立铜官山铜矿。在恢复建设发展时期，先后开采六个矿区，现场发现有古代采矿遗迹。松树山矿区遗迹较多，采坑遍布，呈现多方向挖掘，有露天采矿坑转入地下开采的斜井一百余米。笔者于铜官山铜矿工作时，20世纪60年代初，在井下亲见有古代开采作业区，俗称“老洞”，走向一般向上，也有平向，并有一定的规律，通常靠先行探索才能发现。矿石有孔雀石、自然铜等，含铜品位高达5%至20%。古代开采巷道高2米左右，选用较粗的圆柱松木支护，两边见有木板或竹等。松木已被碳化成褐色，曾运到地面堆放自毁，部分孔雀石选为矿样标本，井下发现铁斧、锤、筐等生产工具。

笔架山，古名“石耳山”，明代“石耳云根”列铜陵八景之一，招引众多名人游赏题诗咏赞。中华人民共和国成立初期，称“笔架山矿区”，南面山坡上部，尚见有多处古代采铜洞口遗存，有废石堆积和少量矿石。1955年矿区开掘上部两个中段平窿里，发现有古代开采较大的多个老洞并留存矿石。125米巷道里有汉陶碗、锤、草鞋、麻绳等，其中鞋和绳一碰即毁。95米巷道发现木制水车（排水用）、木盆、唐铜钱币、陶碗等。笔架山矿区经四十多年的地下连续开采，八个中段至负200米，地表山头陷落下沉，形成范围很大的凹陷地域，今存仍见。

老庙基山、小铜官山、涝山矿区，1954年开始，先后进行露天开采，基建剥离过程中，发现有古代几处开采的矿坑老洞和残留矿石（其中涝山有铁矿）、凿具等。随着矿区露天开采的进行，古代开采遗迹渐次消失。

矿山开采按照常规，采矿活动沿矿脉露头进行，古人明白这一点，巷道在一定深度范围分布，再追踪矿脉，选适宜处开掘平窿或斜井、或竖井方式，下延转入地下开采，使用小中段水平分层采矿。由于千百年来山石、沙土、淤泥及暴雨因素，覆盖了古代矿坑，成为考古发掘缺憾。

1958年1月25日《安徽日报》发表《古矿新城》专文。中华人民共和国成立后，在铜官山铜矿恢复建设中，几个矿区发现了许多古人采矿老洞，有生产工具如凿、斧、锤、水车、木盆等，重要的有汉代以来陶罐、碗，唐代铜钱等，证实了铜官山矿冶铜业于汉唐宋时期的兴盛，反映当时较高的采矿技术水平，从过去露天凿矿，“攻山取铜铁”，发展到井下开采，具有一定的生产规模。

千年生辉铜官山矿业，崇奉先民智慧传奇，领略历史光辉篇章。

四、罗村炼渣，壮丽奇观

铜官山之北的低山丘陵台地，广阔交错分布，自然资源丰富，气候温暖湿润。重要的是山区有丰富的金属矿产，有惠溪水运通行长江，地理环境优越，以家族姓氏起名“罗家村”，境地处于惠溪上游，与铜矿开采区距离较近。古人利用惠溪水冷却，在岸边设置铜冶炼基地，传承先进的生产技术，促进铜官山地区铜矿冶业经济大发展。

中华人民共和国成立初期，罗家村东南的惠溪上游，俗称“河沟西岸”三百余米长多段处，尚存古代炼铜渣场，历史原因未引起关注而成为遗物。1954年开始，铜官山铜矿进行老庙基山、小铜官山、涝山露天开采剥离，选择罗家村东边的低洼区域为废石堆场，范围大，长达百米，高达30余米，覆盖了古代铜矿残留矿石、炼铜场所和铜渣，现废石场上建有民房。

1968年，笔架山矿区地下开采扩建，掘进名为“罗家村通风井”。在井口附近的水沟（古惠溪）旁，笔者在笔山矿区任技术员，发现水沟边转弯处，有大小不等堆积层状的古代留存的炼渣十多块，经长期溪水冲刷，呈现光滑明亮，保持原貌。为了解真相，取样化验铜铁品位较高。通过查阅有关文史资料，认为可能是唐宋时期炼铜场所遗址而留存的铜渣，曾向矿领导和有关人员反映。又经多年，城建筑房、修路等，河沟变窄为水沟，炼渣逐渐埋没。

1985年9月开始，铜陵市文物管理所开展文物普查及考古工作，发现罗家村南的水沟边尚存有古代炼铜渣6处，均为褐色，近方形，呈石状体，长度有1.2米到1.8米不等，厚度为0.8米至1.3米不等，层次明显有十几层。认真考证确认炼铜渣为唐宋时期遗物，虽然经历了千百年的风雨剥蚀，仍如巨石般屹然。

1986年年初，《中国文物报》发表有关铜陵众多古铜矿冶遗址的报道，引起了国家和安徽省等文物部门的高度重视。1987年7月，国家文物局委托中国科学院和安徽省文物考古研究所，邀请几个高校赴铜陵进行专题调查和开掘工作，取得了重要收获。11月，中国科学院自然科技史研究所副所长、著名矿冶考古专家华觉明研究员（教授）来铜陵考察时，亲见罗家村炼渣，连声惊叹：“中国之最，世界奇观！”1990年11月，华觉明研究员又来铜陵出席皖南古文化研究会第四次年会（与会人员60余人），做重要发言阐明炼渣的历史价值。铜陵市积极做好炼渣保护工作，罗家村大炼渣遗址，1998年被列为“安徽省文物保护单位”。

2009年4月，矿区对20世纪五六十年代先后建成的职工住宅进行改造。在工程作业中，靠近水沟（古惠溪）边，露出古代铜冶炼遗址，与早先罗家村南暴露的炼铜渣相距一百余米，即在2005年兴建的铜都大道西侧。铜陵市文物管理局十分关注，呈报上级主管部门。6月，国家博物馆、省文物考古研究所和铜陵文物局，组成联合考古队，现场进行考古发掘工作，遗址面积200余平方米，发现有特大型冶炼渣快10余个，土筑炉基4处，石砌炼炉残迹若干，鼓风管残片、灰坑若干，水井一口等；出土物中有较多的汉代器具陶片，其中少量夹沙陶、印纹硬陶残片；有唐宋瓷片，其中少量绳纹夹沙红陶残片，外壁有烧灼痕迹。遗址堆积中普遍夹杂铜炼渣，红烧土颗粒及少量矿石，还采集到亚腰形石锤等。北京大学、北京科技大学、省考古所等多位国内知名考古专家、教授、博士，亲临现场考察震惊，共发赞叹声：“太珍贵，太难得了！”

铜炼渣是古代炼铜的主要遗物之一，也是反映当时冶炼水平的重要标志。考古史料记述，先秦时期，炼铜采用地面竖炉，木炭为主要燃料。炉的容量有限，渣多为蘑菇状；到唐宋时期，炼炉改为地炉，燃料更替（煤）和鼓风设备改进，炉体增大，在炉前开沟放渣，一般为条块状，多次放渣烧结所致堆积为层状体。炼铜技术水平提高，产量相对增加。

罗家村尚存汉唐宋炼铜遗址和众多的炼铜渣，是铜官山地区矿冶遗址群的重要组成部分，成为年代最长、规模最大的实物见证，进一步奠定了铜陵是中国古铜都的历史地位，为探索长江流域及中国古代冶金活动提供重要资料。这也是世界冶金史上的特殊遗物，充分反映中国古代冶铜的先进技术水平，千百年来为促进社会经济发展，起着重大历史作用，具有极高的价值。

五、历久铜铸，特殊价值

考古发掘和文献资料记录，铜官山地区历史悠久和矿冶发展，产铜除作贡品或商品输出外，留在本地铸造原料使用，就地制作青铜器物和钱币等。

铜官山处在吴头楚尾之域，春秋战国时期为兵家必争之地，后陆续出土青铜兵器30多件，精良锋利。出土有上百件青铜器物，型多精美。尤其出土有早期特色的商代青铜器斝、爵，有古钱币的明刀、蚁鼻钱、半两等。

《史记·吴王濞列传》记载："吴有豫章郡铜山，濞则招致天下亡命者盗铸钱，煮海水为盐，以故无赋，国用富饶。"《汉书·食货志》记载："吴以诸侯即山铸钱。"《太平寰宇记》记载："铜陵县有铜山，在县南十里，其山出铜。"西汉初高帝刘邦之侄刘濞封为吴王，领地东南三郡，五十三城。古代即山因产铜俗称"铜山"，从方位确定为今铜官山。吴王重视经济发展，在先秦时期铜矿冶的基础上继续开发，"即山铸钱"，制青铜半两钱币等，促进了江南社会经济发展，远近闻名为富饶之地。

史籍记述，汉武帝刘彻，承前启后，维护国家统一，制定经济举措，加速社会发展。元狩五年（前118），罢三铢，更铸五铢钱，受到社会的广泛认同（后延至清代终止延续七百多年）。元鼎二年（前115），禁郡国铸钱，把钱币权收到中央掌握监控，地方及民间不得铸钱，集中实行铜矿冶业统一管理。铜镜铭文："汉有善铜出丹阳。"表明当时铜官山矿冶开发的生产规模宏大，走向兴旺阶段。东汉早期，利用襟江靠山的春秋战国时期的鹊头口岸条件，确认连接大江南北及上下游的优越环境，发挥水路运输矿石、铜器、钱币等特点，发挥设置于江浒古"铜官镇"要道作用，反映重视铜矿业的经济价值，进一步促进社会发展，提高历史知名度。

《三国志·吴志》记载："故丹阳山险，民多果劲……山出铜铁，自铸兵甲。"相传周瑜等曾在铜官山下冶炼兵器并铸钱，出土兵器多件足以见证。宋初《太平寰宇记》记载："铜陵县自汉以来，皆烹铜铁。"《宋初·百官志》记载："卫尉一人，秦官也，晋掌冶铸，冶皆在江北，而江南唯有梅根及冶塘（今铜官山下）二冶，皆属扬州。"明代嘉靖《铜陵县志》记载："齐梁时置冶炼铜立场于铜官山下，去镇十里。"说明三国至南北朝时期，仍然相继进行铜矿冶业活动。

唐代盛世时期，社会经济繁荣，重视开发铜官山地区的铜矿冶业，生产规模又获得进一步的发展。《新唐书·食货志》记载："宣、润等州初置钱监，两京用钱稍善。""天下炉九十九……润宣皆十。每炉岁铸钱三千二百缗。"

《元和郡县志》记载："梅根监并宛陵（宣州）监，每岁共铸钱五万贯。"《旧唐书·食货志》记载："武德四年（621）七月，废五铢钱，行开元通宝钱，合十文重一两，一千文重六斤四两。"《唐六典》记载："元和年间生产开元钱，本来一千文重六斤四两，后重七斤。"唐中期，宣州设钱监，所属南陵县的铜官冶，铸钱炉每炉用匠三十人，十炉需铸钱匠三百人。还有从事采矿、冶炼、运输、后勤辅助以及管理服务等，人数就更多了。另外生产铜镜等器物，有作坊人员，加上当地农民，地区人口可达几万人。说明唐代铜官山地区铜矿冶铸业发达兴盛，规模宏大，呈现社会经济繁荣景象。

明代万历《铜陵县志》记载：“铜官山在五松山南，昔取铜赋，南唐封利国山，置监于下，后改为铜官场，岁久乏铜场废。”南唐铸钱币“保大元宝”“唐国通宝”等。

《宋史 · 食货志》记载：“宋太祖初铸钱，文曰‘宋元通宝’，凡诸州轻小恶钱及铁镪钱悉禁之……私铸者皆弃市。”“凡铸钱用铜三斤十两，铅一斤八两，锡八两，得钱千，重五斤。”实行矿冶业、铸钱业、军器制造业，归国家掌握控制。铜铁产地，禁止民采。池州梅根监更名为永丰监。《文献通考》记载：“元丰三年（1080），永丰监铸钱币四十四万五千贯。”《朝野杂记》记载：“崇宁四年（1105），永丰监铸钱三十四万五千贯。”可见生产规模之大，铜矿石数量巨大。铜官山产铜供给永丰监数量也是很大的。北宋铸钱币有宋元通宝、元丰通宝（青铜、铁）、熙宁重宝、元祐通宝、绍圣元宝等。南宋初取消永丰监后，铜官山矿冶渐变走向衰弱。

六、历代名人咏铜官山

铜官山名位传扬四海。山上眺望远近，长江如练东流，铜都壮观风光。山中层峦叠嶂，洞壑深幽，乔木常青，鸟语花香。山下惠溪流淌十里，清澈秀丽；古刹庙宇神奇自若，探寻胜境。独特的久远商周时代，揭开了采矿、炼铜、铸造的历史篇章，尤其汉唐宋时期的矿冶兴盛辉煌。历史悠久的文化内涵丰富，具有很强的辐射力和凝聚力，招引了历代名家、官宦、墨客等，慕名相继涉足，游历纪行题赋，造就杰出的文学诗词，证实了铜官山产铜久负盛名，具有极高的文史价值和历史意义。

唐代大诗人李白晚年，于天宝十三年（754）秋，由宣城慕名来南陵县所属之地，寓居五松山龙堂精舍，游历铜官山矿冶风光，迷恋蔚为壮观盛况。诗人陶醉，驰骋想象，使事用典，神接天地，出色地描绘生动新奇的产铜矿冶场景，是我国吟咏冶金最早的杰作诗句。“铜井炎炉歊九天，赫如铸鼎荆山前。陶公矍铄呵赤电，回禄睢盱杨紫烟。”（《答杜秀才五松山见赠》）诗自注：南陵有铜官冶，即梅根冶也。杜秀才佚其名，唐南陵县铜官镇人，通经史、工诗文。以其生性傲岸不趋于时，悠然恬处林泉。天宝五年（746）前，尝远游蜀锦城（今成都），为剑南节度使所赏识，荐之以官，杜弃置不顾。李白游寓五松山，杜已在故乡，拜访诗仙，相逢欢愉。李白赞许其贤，饮誉其才，以诗酬赠。铜官山下矿冶繁华昌盛，诗句记录“铜官几万人”（《赠刘都使》），刘才德兼备，军政事务节度使，贤名传扬。李白眷恋山光吟咏，“我爱铜官乐，千年未拟还。要须回舞袖，拂尽五松山。”（《铜官山醉后绝句》）。李白豪爽坦荡，奔涌情感，盛赞酷爱独特神奇的铜官山矿冶胜景，响遏行云的诗句千古传世。

唐代以来众多名人雅士，缅怀诗仙接踵而来寻踪，寄情咏诗赞颂铜官山，提升知名度。北宋诗人梅尧臣（曾任铜陵县事）作《铜官山》诗：“碧矿不出土，青山凿不休。青山凿不休，坐令鬼神愁。”文学家苏轼有“卷帘看尽铜官山”“落帆重到古铜官”等诗句，诗人书法家黄庭坚写有“顿舟古铜官”，文学家王安石诗《胡氏逢原堂》中“我爱铜官好，君实家其间”，南宋学者诗人汪十朋诗《富览亭》，“铜官宝嶂悉生春”，元代诗人贡奎《铜官山》中“逍遥铜官山，逆水去千里”，等等。

铜官山下古铜地

明代诗人陶安《过铜陵》“铜坑容凿矿，炭户晓担薪”。佘敬中（后任广东按察使归乡铜陵）《黄明府邀登新城》中“铜官百里壮金汤”。郑允升（曾任铜陵知县后升太平府同知）《无题》：“偶伴铜官食，踌躇煮火还。”《铜官山保胜侯庙》：“庙食铜官古，濯灵铁水边。”刘涣《游铜官山》：“铜官山畔试登归，古木丛篁一径深。”杨泰（曾任铜陵县教谕）《五松胜游》：“铜官山水最清幽，太白当年乐胜游。”李缉《次铁船韵》：“铜官自是洞天所。”还有清代名家刘大槐、王士祯、方城、张国维、彭文炜、陈金鼎等诗文。

历代众多名人的杰作佳句，有力地证实铜官山辉煌历史，彰显了铜官山矿冶铜业发展史，在我国冶金史上具有重要的社会地位。

（2010年6月）

老镇澜溪史话

2011年8月，铜陵市公布第二批市级重点文物保护单位，“老镇遗址”名列其中。千百年来的历史变迁，老镇澜溪今为村庄，位于市郊区大通镇东南2.5千米处，东边是低山丘陵地带，南临澜溪（河），西临青通河，北为铜贵公路。方志和史料记述，老镇即为今大通镇前身，古称澜溪镇。兴于东晋南朝，盛于隋唐北宋。历经岁月悠久的老镇，是文明的见证，呈现了内涵丰富的地方特色，增添了历史文化的古朴厚重。

一、老镇境域变迁

史料记述，西晋武帝大封宗室为诸侯王，其拥有很大军政权力。惠帝、怀帝时期，五胡乱华，八王之乱，永嘉南迁，造成社会动荡，给人民带来深重灾难。西晋短暂统治结束，晋室迁都建康（今南京），史称东晋。北方社会之乱，广大士族和百姓，先后纷纷外逃到江南，选择安定之地。东晋对北方南迁流民，大力实行安抚政策。在流民集中地区，按原籍所在地名，设置相应的行政机构，负责管理事务。因当时南下的北方人，称为“侨人”，故为流民的安置地，被称为侨郡、侨县，其官吏多由南渡的北方大族士绅担任。侨置机构的设置，对安抚、笼络团结北方土族，稳定政权和社会安宁，起到了积极作用，在经济上也满足了北方士族“求田问舍”、恢复家业、保障生活的愿望。由于传承北方生产技术，促进了南方经济社会发展，其历史影响意义深远。后来出现了行政区划的异常紊乱等社会问题，于是实行侨置政策改革，推行“土断”，撤销、合并一些形同虚设的侨置机构，侨人白籍改为与土著（原地居民）相同的黄籍，延至南朝后期废除白籍。

东晋义熙元年（405），中原颍川郡定陵东地（今河南舞阳）士族民众南迁江南，选择山清水秀、资源富饶、水路便利的临城县（三国吴赤乌八年即245年置临城县，今青阳中北部），侨置定陵县。境域包括今铜陵市区东南的大通、天门等镇村，南陵县南的丫山、河湾、烟墩等乡镇，青阳县北的丁桥、木镇竹阳等乡镇，县地面积600平方千米，属原九江（今安徽寿县），又南迁姑孰（今安徽当涂）侨置淮南郡。到南朝梁普通六年（525）置南陵郡。

唐天宝元年（742），析南陵、泾县、秋浦（今贵池）相邻地域置青阳县，辖原县定陵、临城、陵阳故地，县治芙蓉镇。唐文德元年（888），划南陵县以西工山、安定、风台等地和原定陵县故地（梅根河以东），设置义安县，治所古临津驿顺安，属宣州。南唐保大九年（951），改义安县为铜陵县，治所迁移江浒即东汉初置铜官镇（今五松镇）。北宋开宝七年（974），属池州至清。

青阳县志和有关史料记述，定陵县历经一百八十余年，县治选于临近七星河畔的山丘地，汉代集市管埠。唐代更名定陵乡，今称丁桥镇。定陵县治设置管埠（管之商埠），水运交通方便。中华人民共和国成立后兴修水利，曾挖出大量的城墙脚和城砖，发现老桥、古井、古墓、古屋及古街遗址。当今仍有留痕，可见古瓦片、砖块、石板等。曾留存以古管埠街名时代的上街、中街、下街之地名，传后世为大队名（村名）。

二、青通河道形胜

据《长江航道史》记述，长江上游的流势迅猛，水流夹杂着很大的石块，到了中下游，水势渐缓，只能携运细粒砾石及泥沙等。中下游水道演变的基本规律：沙洲的淤长与消失，汊道的形成与衰亡，穴口的冲决与湮塞，主交汊道的相互交替。今铜陵大通以上的贵池桐梓山以北，与枞阳老洲地区，北宋前长江水域宽阔，水流平缓。第四纪以来，长江干支流大量泥沙堆积，形成深厚的沉积层，在地壳升降运动中，多次轻度上升，又受到风成、水成、浪成的波痕作用，故发育了二、三级阶地。经流水长期侵蚀，形成湖泊、浅水带、夹江、沙洲等。历经千百年来，长江中下游水势东流，常伴有大量的泥沙而下，因受到南岸的桐梓山（梅根山）、竹墩山、神椅山、长龙山、羊山等磐石的阻碍而淤积，原南岸地势平坦，形成深厚的滩地，其中低洼处为内湖。促成长江南岸逐步向北移动，流向变为南北。宋后尤其明清，相继于滩地围垦建圩。北宋起，青通河入长江口岸由老镇澜溪（竹墩山）变迁延至今大通长龙山南麓和河南嘴一带。

据史料记述，青通河是今铜陵、青阳、贵池三市县区的界河，古称长河。唐代称童埠河，宋代后依双河口（今新河口）即三县区交界处，以上称青阳河，以下称大通河，合称青通河至今。

青通河发源于九华山东麓岔泉岭，由五大涧水汇流成溪，即称芙蓉溪，长约10千米，成树枝状分布，自南沿谷北流，穿越蓉城镇（县城），至元桥汇支流东河、东山河，续北流经童埠至双河口，与七星河相会，再北流弯曲经水桥湖、老镇澜溪，至今大通镇入长江。干流全长53千米，其中贵池境内25.4千米，铜陵境段12.3千米。蓉城以上属山涧溪流，水位暴涨暴落，卵石、粗砂时常显现；中游（蓉镇至双河口），河床弯曲，流势变缓；下游经洼地湖泊（天目湖），浅水不畅，淤积较剧。汛期长江水倒灌可抵蓉城。

位于青通河下游的七星河为最大支流，有南北二源：南源出自青阳、泾县交界的黄柏岭潭溪，与王狮等4溪汇流成南河；北源出自南陵县河湾水龙山老虎头，称水龙溪，至钱桥芭茅溪成北河。南河与北河至木镇处，汇流为七星河，经朱家渡弯曲东西流向，全长约20千米，河宽20～30米，至双河口入青通河。

青通河下游上段，东北远近山峦起伏，纵横交错的溪水积聚于广阔平坦的低洼区，自然形成湖泊，称水桥湖、天目湖，邻接青通河。湖的东北边主要有三河。东南有河水源自青山、尖山曲折流入天目湖，称长河。东有源出天门山西山系的溪水弯曲西流，为上水河，又称天门河；北有源自伏牛山等山系的溪水，于郎家涝下处合成为下水河，又称水桥河。上下两河在上水桥汇成南流，称澜溪，相邻水桥湖，转弯西流，至竹墩山（又称吊缶山）南麓注入大通河，全长10～20千米，河宽10～20米。西北边为山丘地带，东南边堤连水桥湖。水浅堤露，溪与湖各自流淌；水涨堤淹，溪与湖连成一片。水面广阔清澈，随风起浪优美。《孟子·尽心上》载："观水有术，必观其澜。"邑人称澜溪，亦称泓溪水。秀丽美名，流芳百世。

青通河流域，蜿蜒曲折流淌，两岸山林如松、杉、竹等，翠绿掩映，众鸟如白鹭等飞舞鸣唱，繁花似锦，奇石嶙峋，自然天成，风光妖娟，绮丽妙趣，恍如仙境。青通河航运条件较好，汛期受江水顶托，可行木船到中游，形成水路运输的主要通道，又是连接青阳的唯一航道，其中昔日青阳的漕粮运至澜溪中转，经长江运往指定地点。唐代后期起，青通河又成为下江香客朝圣九华山的必经之路，香客乘船由长江到口岸澜溪镇休息，续舟上行到蓉城，改行登山到佛地。

三、朝圣首行澜溪

青通河为长江中下游南岸的一条支流，其上游地区，众多山脉连接九华山（古称九子山）。九华山因有开山祖师金地藏，成为佛教名山。历史记录了九华山与澜溪镇的密切联系。

唐代著名诗人九华山隐士费冠卿，元和八年（813）秋，撰《九华山化城寺记》。唐开元七年（719），新罗国（今韩国）王族金乔觉，毅然为僧，于开元末期航海到中国游学，云游各地，入长安后又四处游方寻找道场。天宝早期辗转到青阳九华山为道场。至德元年（756），山下乡绅诸葛等几位老人发现，称"洞僧"，被感动，众议于开元末年（741）利用僧檀号所诵经说法的旧庙地基，营造寺庙，名为化城寺，请金乔觉住持。贞元十年（794）七月，年已99岁的金乔觉辞世。圆寂三年后，肉身移入南台岭（后改神光岭）之上石塔中供奉。后又在塔上扩建为肉身殿，誉称地藏菩萨，通称金地藏。由人变成了神（佛的旨意），名声越传越远。九华山佛地，名流千秋，享誉海内外。

方志和相关史料记述，金乔觉来华到过江南一些名山寺庙，由普陀山向西行，曾途金陵、当涂、宣城、芜湖、南陵等地，后来信奉称名“小九华山”者甚多，并有传说故事。金乔觉途经芜湖（今广济寺），沿江上行，到老镇澜溪，乘舟于青通河上行，然后到九华山，卓锡学佛。为钻研佛经，便下山经由澜溪，到不远的南陵县，请俞荡等人抄经四部，携经文回山，后未下山。

唐宝历三年（827），邑人为思念金地藏的行踪，又素奉佛教，选择在澜溪镇南端，环抱青通河与澜溪（河）、秀丽清幽的竹墩山，朝向九华山，兴建相水寺，又称瑞相寺，后称普济寺。吉祥如意，相映生辉。唐会昌年间的“唐武法难”时，相水寺受损，后恢复修理。晚唐五代北宋，佛教得以发展。在澜溪镇东边的低山连接丘陵地带，俗称桃园，隔街道面向大通河，相继兴建众多庙院，如五神庙、上地藏庵、瑞福庵等，通称九寺十三庵。后又由徽州地迁来中部寺四尊佛像立于庵前，俗称八面佛。在澜溪镇北部东边的小岭正东与驴子岭间，为一个倒“凹”形山坳，选为安葬寺庵僧徒圆寂，俗称和尚冲。从始建寺庙后三百余年间，众多寺庵因遭暴雨、洪水、地震等自然灾害，以及战乱，虽然屡损屡修，又因老镇澜溪口岸迁移到长龙山即称大通。后因各种原因，寺庵渐变冷落损毁。今尚存遗迹，依然可寻砖瓦。

历史造化老镇澜溪，形成社会人群朝圣九华山佛地的首行要道。长江下游地域各路香客络绎不绝，尤其每年农历正月和十月，有官绅、商界和中产阶层，也有平民百姓，还有一家数口结伴或独自成行。香客抵达澜溪有聚会习俗，先是分居各寺庵或镇客栈，休息整装，自雇帆船，联络组成“百子会”“双百子会”等，每会举一人为领头，高举旌旗，鸣锣唱佛号。乘船离镇，经青通河上行，抵童埠或蓉城，前往九华山朝圣。若青通河水枯难航，香客沿古道前往五溪上九华山。昔日，香客朝圣的场面十分壮观，凝结一页历史，呈现地域独特的厚重佛教文化。

四、怀古澜溪繁埠

明嘉靖四十二年（1563）编《铜陵县志》记载：“大通镇在县南四十里，古名澜溪。”清乾隆二十二年（1757）编《铜陵县志》记载：“澜溪去大通镇五里。”“去镇五里许有旧镇（今称老镇），名澜溪。”北宋著名书法家、诗人黄庭坚，于元丰三年（1080）初夏，赴任江西太和知县，乘船由芜湖经铜陵时，遇狂风暴雨长江浪大，船泊南岸江口，作诗《阻水泊舟竹山下》，描绘山景风光秀丽并抒发感悟。竹山即澜溪镇竹墩山。

史料记述，战国时，楚怀王六年（前323），老镇即为鄂君启商船队沿江东下的终点港。该港即今铜陵、青阳、贵池、枞阳四地交界，地当要冲的竹墩山麓，是青通河与澜溪汇合注入长江天成的口岸。东晋侨置定陵县，中原生产技术和文化的传播，促进当地社会经济发展。老镇地理位置优越，周围地区物产富饶，加上汉唐的梅根冶基地兴盛，又独有便捷的水道运输，成为贯通皖南山区与沿江地区商贸活动的水上门户，商贾云集，相继形成各种集市。邑人因水故名澜溪镇。镇近水而建，人都离不开水，有水才有灵气，造就地域悠久的历史文化。

老镇澜溪相隔大通河对面，就是历史悠久的梅根冶。史料记述，东汉建安年间，选择优越的江南地理位置，历代军事兵乱未受影响而平安，周边产铜，沿江水道方便等良好环境设置冶铸钱币场所，后选定于梅根山（今桐梓山）地带，称梅根冶，近边的河因名为钱溪。东晋诗人陶渊明，于乙巳年（405）泊舟作诗，题有“钱溪”。南朝宋《通鉴》记泰始二年（466），“张兴世既据钱溪，陈庆引舸三百攻之，军于梅根。”唐代诗人孟浩然，开元十八年（730）泛舟长江，作《夜泊宣城界》的南陵（今铜陵）地，诗中“火炽梅根冶，烟迷杨叶洲”（洲指今铜陵大通和悦洲）。唐元和八年（813）编《元和郡县志》记载：“利国山在县（南陵）西，出铜，供梅根监。”北宋初《太平寰宇记》记载：“铜陵县自汉以来，皆烹铜铁。”中期《元丰九域志》记载：“铜陵县有梅根山、利国山。”今铜陵铜官山，历久产铜闻名，西汉元封二年（前109）设“铜官”，原即山改称铜官山。唐开元时封为利国山，设铜官监，并设梅根监。北宋至道二年（996），梅根冶改称永丰监。多种历史因素，永丰监于南宋初并入饶州（江西）永平监，当地矿冶业渐趋停息，元明清代未见有采冶铸钱记载，但民间仍时有发生。

梅根冶在汉晋南朝唐北宋时期，相继得到发展并兴盛。《元和郡县志》记载：“梅根监并宛陵监每岁共铸钱五万贯。”《朝野杂记》载，崇宁四年（1105），铸钱34.5万贯。可见需大量铜料，主要来源是近处的铜官山，来往运输经长江水道，到澜溪镇，或疾驶而过，或泊港过夜，风帆舟楫，繁忙盛极，运往梅根冶铸钱场所。20世纪80年代，当地沿江采挖黄沙时，曾发现唐制铜钱币（开元、乾元）若干。1996年，兴建铜陵至贵池沿江公路，在郭岗村处发现唐代煅窑铸遗址，出土金属熔炉（残损），内径80～120厘米，旁有炼渣；还出土有陶瓷用品残片等。当今仍有传世地名如钱西村等。文物佐证了梅根冶，确实是古代江南千年铸钱基地，对促进和繁荣经济起着一定的社会价值作用。历史见证了近邻的澜溪镇和梅根冶，有着相互依托的不解之缘，反映了地域文化的丰厚。

老镇澜溪的街道建设、选址布局十分注重与自然环境融为一体，因地制宜地巧用地理位置，依山傍水，南北走向建镇。南起竹墩山麓江口，向东沿澜溪弯曲的北边，为低山丘陵地带，称王家山，历久列为坟地。按家族划分区界，坟墓由江北桐城运来的花岗石，砌成坟头、碑，行道铺石板。江口向北沿大河约1000米，兴建街市，其东边是低山丘陵相连，面临街道，依山势相继建造错落有致的大小庙宇，曾称九寺十三庵。其西边是大通河滨，相继建造别具特色的房屋。地基的前部面临街道，筑于岸边：后部采用木柱（桩）落水支撑，凌空架齐连接前部平台。房屋为木质结构，架置其上，形成下空上实。乘船观望，相似楼阁，俗称“吊楼”。下空可泊船，上实因需而置，主要设客栈、商铺、民居等，鳞次栉比，屋宇整齐。街道铺就青石板，古色古香，整洁雅致，朴实中透出纤巧和灵气。经贸繁荣，人口稠密，气度不凡。既便于产业和生活，又突出精神追求。历史沧桑变迁，到南宋中期，竹墩山江口澜溪商贸港口，向北迁移到长龙山南，仍面临大江，畅通四海。

老镇澜溪，自置定陵县为辖地，皖南有不少县的物资交流，经青通河、七星河通往长江，兴为口岸，到了南朝渐成为商贸繁埠。唐代设驿站。竹墩山与澜溪镇相通，唐代建杉木桥，屡损屡修，明改建石桥又毁，今有遗迹。独特地理位置的澜溪镇，形成水陆交通纽带中心。水运，可乘船向上到古定陵县，又到青阳童埠或蓉城，人们可渡河到梅根冶场所。陆路，即古驿道分上下路线，下路自澜溪街南端（竹墩山）相水寺，经下水桥、合门、缸窑、渡长河、老鼠石，过双河口渡口，抵达贵池地里庵，经五溪前往九华山。始相水寺到五溪的路面，依地貌主要铺就3尺宽青石板。上路自澜溪街北边即寺庵后的驴子岭，经上水桥，到牌头坊分岔，向东北经董店，可达古镇顺安。向南经塔山、蟠龙，渡长河，途西垄、店门口，到古定陵县（唐后定陵乡，今为丁桥镇）、木镇等，是通往泾县、南陵、太平等县古道。始澜溪街北经驴子岭到脾头坊的路面，依山势主要铺设大小不等的鹅卵石。运输工具主要靠肩挑、驴驮、独轮木车、轿子等。历久岁月的磨砺，古道路面上的青石、鹅卵石日渐光滑，石板经车轮碾成沟槽。中华人民共和国成立初期，古道依稀可见。

古韵老镇澜溪，盛行一时业绩，名垂青史。当今，游人漫步于“老镇路”及周边山水境地，寻古探幽，必将带来浓厚的兴趣，遗憾地只能从残留的一些古遗址上，找寻历史的痕迹。一块石头，一片砖瓦，一泓碧水，一座古桥，一条古道，一间屋址，一首古诗……这些岁月不经意间洒落的碎片，都能折射出千年史影，都是生命的永驻。珍贵的历史文化遗存，无不彰显着古村落丰厚的历史积淀和深层的文化底蕴，让人欣赏品味良久，让人敬仰前人风采，让人追怀那历史的沧桑变迁，让人回眸那逝去的辉煌印记。

（2013年12月）

追述大通自立军起事

1993年的《铜陵县志》“大事记”载：“光绪二十六年七月十五日拂晓，大通爆发由励志社成员秦力山发动的自立军起义，二十一日被清军镇压。”千年古镇大通历史悠久，位于长江下游的上段南岸，地理位置优越，水运交通要道，一度社会经济繁荣，清代被列为安徽四大商埠之一（另为淮河畔蚌埠，长江畔安庆、芜湖）。根据有关文史资料记述，百年前，晚清名人康有为、梁启超、唐才常（以下简称唐梁康）等人，发起组织自立会（自立军）。秦力山等人，在铜陵大通发动自立军起义。虽然起事不幸失败，但在历史上具有一定的地位。

一、康梁唐发起组织自立会

康有为，清光绪九年（1883）十月，首次上书清帝，提出改良政治的主张。1890—1893年，在广州长兴里万木堂聚徒讲学，培养维新力量。1895年4月，中日《马关条约》签订时，康有为在北京发动各省应试举人一千三百余人，上书清帝，要求拒签，变法图强，深受光绪帝嘉许。8月组织强学会，并推动各地设分会，鼓吹变法维新。1898年4月，康有为在北京成立保国会，与梁启超、谭嗣同等人，全力策划推行新政，推动变法维新。6月，光绪帝接受改革方案。史称“百日维新”。戊戌（1898）政变发生，9月底康有为逃亡日本，开展社会活动，坚持改良主义。1899年7月，成立“保皇会”，康有为被举为会长，梁启超、徐勤为副会长。1899年冬，康有为在日本会见唐才常等人，共拟长江带起义计划。辛亥革命后，在上海主编《不忍》杂志，并任孔教会会长，仍持复辟帝制。康有为是清代政治活动家、教育家，倡导维新变法，在“庚子勤王”事件中起着领导作用。

梁启超，广东新会人。光绪十六年（1890）起，从学于康有为，深受其影响。1895年春，赴北京参与会试，参加“公车上书”。8月参加维新派政治团体“强学会”，任书记员。1896年8月，于上海创办维新派刊《时务报》。1897年秋冬间，梁启超等人集股创设维新派编辑出版机构大同译书局，成为康有为得力助手，时人合称“康梁”。1897年10月，梁启超任长沙时务学堂中文总教司。1898年7月入京，以六品衔专办京师大学译书局。戊戌政变后，逃亡日本，会见唐才常等人，支持并策划长江带起事。1898年12月，在横滨创办《清议报》，大倡君主立宪。1900年赴海外募捐。1902年在日本创刊《新民丛报》并为主编，仍宣传变法维新。在东京组织“政闻社”。后回国组成进步党，又组织研究系。五四运动前后，离开政界，转而专注学术和教育事业，晚年于清华学校（今清华大学）讲学。梁启超是晚清社会活动家、教育家，曾参与领导戊戌变法运动，是资产阶级维新派的杰出代表，在历史曾起过十分重要的进步作用。

唐才常，湖南浏阳人，早年就学长沙岳麓书院、武昌两湖书院。

中日甲午战争时，鉴于民族危机严重，以救中国为事，专力研究各国政治外交。戊戌变法期间，积极参加维新派，在湖南开展各类社会活动。光绪二十三年（1897）春，与乡友谭嗣同在浏阳兴办算学馆，10月在长沙创办时务学堂。1898年2月，又创办南学会，3月创办《湘报》，唐才常为主编。9月应谭嗣同电召，唐才常欲赴北京，参与新政，甫抵汉口，戊戌政变猝起。谭嗣同为"六君子"之一遇难，唐才常遂跑到日本，在东京与康有为、梁启超、秦力山、沈荩、林圭等人相见集会，商讨发动起事。在横滨，孙中山会见唐、秦、沈、林等人，得知孙中山组织兴中会，酝酿惠州起事，受其启发。主张孙康合作，研讨救国方略，得到孙中山革命派的支持和帮助。

1899年秋冬，康梁唐等在日本商议，起兵"勤王"。年冬唐才常、林圭、沈荩、秦力山等分别回国。1900年春，唐才常等人在上海共组正气会，按康有为的指示，在正气会的基础上，建立易名自立会。对外称"东文译社"，内分军事、政治两部，主要以时务学堂学生、留日学生和国内青年学生为主力。自立会一面接受康有为、梁启超的指导，一面又遥戴孙中山的"极峰"。唐才常在上海开富有山堂，推康有为、梁启超，作正副"龙头"，散发"富有票"(加入自立会凭证)。同年七月初一，唐才常邀请各省驻足上海社会名流如章太炎、严复等八十余人，在张园召开"国会"，举容闳为会长，严复为副会长，唐才常为总干事，林圭、沈荩等为干事。此时，北方正在发生义和团运动，京城局势紧张。这是共议长江带起义的好时机。唐才常负总责，康有为（赴新加坡）和梁启超（赴檀香山）负责募集粮饷。初定七月十五日，自立军沿江起义，由于事泄，未及举事，又大通事败。湖广总督张之洞勾结英国领事，二十二日晨围攻汉口起义机关，唐才常、林圭等二十余人被捕，当日夜于武昌遇害。自立军起义失败。

康有为、梁启超在庚子年，利用自立军起兵勤王，唐才常与革命派和保皇派都有联系。自立会的宗旨模棱两可，自立军情况迷离，致使清廷认为自立军起义的总指挥是康有为，以唐才常为“康逆死党”，张之洞借此声言，康有为所创保皇会，“不过借名作乱”。从中可看出康有为在自立军起义中的作用和影响。

二、秦力山发动大通自立军起义

秦力山（1877—1906），字力三，别名巩黄，湖南长沙人。20岁入时务学堂。从师谭嗣同学习，并参与南学会。戊戌政变后，流亡日本横滨，分任《清议报》笔政。1900年春，在东京组织留日学生第一个团体“励志会”，夏季不少会员回国，到汉口或沿江诸地参加自立军。秦力山被任前军统领，8月上旬，在安徽铜陵大通发动起义，失败后到新加坡，复至日本。1901年5月，秦力山在东京创办《国民报》（月刊），因为最早宣传推翻清朝革命思想，曾得到孙中山捐助印费，后因资而停。1903年经缅甸入云南，从事革命活动，次年在干崖病亡。

1900年7月，唐才常、林圭、秦力山、沈荩等人，于上海“国会”后，随即到汉口以自立会为核心，组织自立军，在英租界设秘密机关，于长江沿岸联络会党。自立军共设七个军，唐才常任储军督办（总指挥），秦力山任大通前军统领，田邦璿任安庆后军统领，陈犹龙任常德左军统领，沈荩任新堤右军统领，林圭任汉口中军统领，另置总会亲军及先锋军。自立军声势遍及于两湖、安徽、江西等地，范围广，会党达十万之众。

秦力山于1900年7月，到达省城安庆，得到童友、哥老会员、安徽抚署卫队管带孙道毅推荐，并密助军械，又被大通水师统领肖汉卿聘为幕僚。秦以此为掩护，奔走于大通、安庆之间，联络会人，发展组织。随后又联络大通哥老会首领符焕章、高彪、唐二保、秦老耀等会员，还有大通周边居民附会，散发"富有票"，拓人入会，势力不断发展壮大。

时下北方义和团运动高涨，自立军认可有利时机，密议1900年8月9日（农历七月十五日）前后左右中的五路军同时起义，先占领长江中下游，再北进幽燕。原定康有为、梁启超的海外汇款接济迟迟未到，故自立军粮食、军械等发生困难。唐才常等决定起义延期到8月下旬。因后军统领田帮璿未到安庆，改任秦力山兼顾。秦力山奔劳安庆、大通之间开展活动。由于长江戒备森严，信息不畅，秦力山未得到起义延期通知，又鉴于事机暴露，情况危急，大通前军按期起义。

8月8日，秦力山等于长江北岸桐城（今枞阳县）境内集结部众，准备起义，因事先外泄，大通厘局许鼎霖探得情报，密电安徽巡抚王之春等告警。王之春派安庆后营李桂磐部，乘坐江轮赴桐城、铜陵等地弹压。

8月9日早上，铜陵县令魏致和率人在大通逮捕会党7人，审讯起义之事。秦力山、孙道毅等要人，目睹时势，及时率一哨水兵二百多人，在桐城江岸举行宰牲祭旗仪式，正式起义，乘船东下，与西上的裕溪会党汇合，进攻大通市街及和悦洲。大通水师营参将张华照率炮船4艘前来镇压，船刚靠岸，士兵多为哥老会员，直即倒戈，炮轰督销局、厘金局，张华照闻变投江自尽。起义军一举攻占大通，击沉厘金局轮船常民号，俘获厘金局炮船8艘，缴获大批物资和饷银1.5万余两，救出了被捕人员。拟盐局作为指挥部，及时印发自立军的公告。起义军当晚占领大通全境，控制了沿江一带。起义胜利震惊了长江中下游地域。

自立军公告：中国自立会会长，为讨贼勤王事，照得戊戌政变以来，权臣秉国，逆后当权，祸变之生，惨无天日。至己亥十二月廿四日下立嗣伪诏，几欲蔑弃祖制，大逞私谋，更有义和团以扶清灭洋为名，贼臣载漪、刚毅、荣禄为阴助军械，内阁篡杀不得，则公然与外人为难，用敢广集同志，大会江淮，以清君侧，而谢万国，传檄远近，成使闻知。

自立军宗旨：（1）保全中国自立之权。（2）请光绪帝复辟。（3）无论何人，凡系有心保全中国者，准其入会。（4）会中人必祸福相依，患难相救，且当一律以待会外良民。

自立军法律：（1）不准伤害人民生命财产。（2）不准伤害外人生命财产。（3）不准烧毁教堂、杀害教民。（4）不准扰害通商租界。（5）不准奸淫。（6）不准酗酒逞凶。（7）不准用毒械残杀仇敌。（8）凡捉获顽固旧党，应照文明公法办理，不得妄行杀戮。（9）保全善良，革除苛政，共进文明，而成一新政府。

8月10日，省巡抚王之春，急派统领李维义部，长江水师提督黄少春派营官傅永贵率武卫楚军，芜湖防营、管带李本钦率部西上，同驰往大通，会合李桂磬部，分三路进击围攻大通。起义军与敌展开激战，击沉清军炮艇8艘、小火轮1艘等。王之春并派营官肖镇江、李定明部，分赴青阳、南陵等地，以截断起义军的退路。

8月11日，两江总督刘坤一，派龙骧、虎威、策电3艘兵轮，驰往大通参战并在江面堵截。继派王世雄部衡字军，乘开济号兵轮至芜湖驻防。芜湖道吴锦祺转派衡字军3营携重炮助攻大通。黄少春调江阴水师三营，湖标舢板30只，分水陆两路至大通“会剿”。清军兵力大增，起义军四面受敌，又无增援，军械和人员不继，节节败退至盐局，负险顽抗。两日来白热化战斗，起义军牺牲近百人。秦力山见伤亡越来越重，率众突围，经青通河及山路，向青阳、南陵方向退却。

8月12日，秦力山率领起义军余部，退路在南陵戴家汇村境，迎战李定明部，遭受夹攻，阵亡120余人。义军首领之一佘老五（大通人）被俘旋遭杀害。余部多人又分别在南陵、铜陵境内，继遭围捕。哥老会首领符焕章被捕及会员多人牺牲。

8月13日，起义军余部转战大通外的汀家洲、横港、杨家山等地，与清军激战三天，遭李桂磬部杀害50多人。

8月14日，秦力山躲藏在河边芦苇丛中1天多，到九华山避难，后经南京、上海逃往新加坡，转入日本。起义军前后历经七日，在大通镇及周边境地，与清军英勇奋战，终因寡不敌众惨败。

大通自立军的起义失败，汉口自立军的总部剿除，康有为、梁启超一派所策划的唯一的一次武装起事就此告终。但它体现康梁思想的激进，却让更多的爱国人士，从血的事实中看清了保皇派的真面目，认清了清朝政府的反动实质。革命派觉悟，改良派分化，新思想逐渐转向反清革命。唐才常企图依靠会党力量来发动起义，这一点也成了以后一系列的革命党人的行动的先声，走上了依靠下层群众而谋武装起事的道路，标志着对救国途径、推翻清朝政权有了新的认识。

（2015年孟冬）

大通镇名溯源南唐

铜陵市古镇大通，历史文化悠久，名位远扬四海。1996年4月，列为“安徽省历史文化保护区”，后更名“安徽省历史文化名镇”。2014年2月，列为“中国历史文化名镇”。2016年10月，列为“中国特色小镇”。

北宋元丰三年（1080），《元丰九域志》记载：“开宝八年（975），以升州青阳、铜陵二县……州（指池州）东北一百四十里五乡及大通、顺安二镇，有梅根山、利国山、天门水。”

明嘉靖四十二年（1563），《铜陵县志》记载：“南唐保大九年（951），改义安县为铜陵县，移治于今之江浒，即古之铜官镇也，地属升州。”“大通镇在县南四十里，古名澜溪。”

追溯大通前世今生状况，须知其历史沿革及澜溪的历史名分，了然南唐兴衰行径的作用，了解后周南征和北宋建立的历程影响。综合考查研究，五代十国和宋初时期的大通，所处特定时代，独有历史文化内涵。

大通境地位于长江下游的水运枢纽南岸，是周边四方交会的要津。战国属楚，秦属鄣郡。汉属丹阳郡陵阳县，三国吴属丹阳郡临城县。东晋义熙元年（405），中原颍川郡定陵东地（今河南舞阳），士族民众南迁，侨置定陵县，治所管埠（今青阳丁桥镇）。先属淮南郡，到南朝梁陈改属南陵郡。南唐保大九年（951），改义安县为铜陵县，治所铜官镇，属升州（金陵）。北宋起，大通镇仍为铜陵县地，属池州（府），延至元明清及中华人民共和国成立。

《元丰九域志》载有“天门水”。方志记述，天门山山脉逶迤起伏，众多溪水沿谷向西南流淌，汇聚在山麓的低洼区域。又受到竹墩山及驴子岭一带丘陵阻挡，自然形成大湖泊，后称水桥湖，堤邻青通河。湖的东北有溪流的上水、下水两河，向南汇合成一条河道，沿西北山丘流淌，堤邻湖泊，转弯西流至竹墩山注入青通河。水浅堤露，河与湖之水各自流淌；水涨堤淹，河与湖连成一片。水面清澈广阔，风起波澜滔天，风光秀气优美。《孟子·尽心上》载：“观水有术，必观其澜。”先人称该河为澜溪，亦称泓澜水，后称水桥河。

史料记述，战国时期，楚怀王六年（前323），鄂君启商队，沿大江东下，到达此地，说明此地的重要性。千百年来，长江水势到下游的南岸，受到竹墩山、神椅山、长龙山的阻挡，形成良好的避风港口，是周围及长江两岸诸郡地（今铜陵、贵池、青阳等）交界处，是皖南山区部分地域货物交易处，又是铜矿梅根冶铸业运输要津处，更一度是定陵县外交事务门户处。地当要冲的竹墩山麓，濒临长江，拥有优越的地理环境资源、便利的水运条件，为天成的优良港口。历史造化经贸活动的集市中心，商贾云集，铺家林立，口岸繁华。东晋义熙年末，风水宝地的澜溪，彰善灵气，邑人称口岸集市为澜溪镇，后称老镇。唐代设驿站。九华山佛教兴旺，又成为信徒朝拜进山首站。

《南唐书》记述，五代十国时期，大江南北存在分裂割据的局面。南方江淮地域吴国齐王李升，令吴主杨溥禅位于己，改元升元元年（937），金陵称帝（先主），史称南唐。领土广阔有30州。采取保境息民政策，奖励农桑，发展工商业，几年后出现相对平安的繁荣富强局面。升元七年（943），中主李璟继位，改元保大，即保持太平、不动干戈的意思。不忘父志，持有抱负，励精图治，开疆扩地，攻取闽楚，地广35州，一度达到升平景象，为南方第一强国。李璟曾改变了先主的战略和施政方案，耗费军力，国势下降。陆游《南唐书·本纪卷》记述，保大十一年（953）春三月，金陵火逾月，焚官寺、民庐数千间，府库损失惨重。次年又大饥疫。天灾人祸削弱了力量。保大十三年（955）十月起，北方后周三次大规模南征，南唐军败失地，长江以北领土纳入后周版图。李璟于正月改中兴（958），三月又改元交泰，五月去帝号称国王，后又改交泰为后周显德五年。显德八年即宋建隆二年（961）六月，后主李煜嗣位于金陵，沉湎享受，专工文学，荒废朝政，以保独立，对宋称臣，又不入朝。开宝七年（974）闰十月，宋军由荆湘江下，直趋池州，南唐守将戈彦弃城逃亡，为宋军占领，又占铜陵、芜湖、当涂，奔向金陵。开宝八年（975）十一月，金陵城陷，即南唐灭亡。贵池人樊若水任知州，大通原属升州后改属池州。

五代十国时期，北方（中原）后汉枢密使郭威，起兵称帝，定国号史称后周，改元广顺元年（951）。广顺二年平乱后汉兖州，郭威推行一系列改革，促进农商业发展，经济好转，政绩斐然，国力增强。显德元年（954）正月郭威病逝，世宗柴荣即位。第二年，柴荣率禁军用四个月攻占寿州。后又三次大规模南征，显德五年（958）正月，获南唐长江以北15州。显德六年（959）六月，柴荣病逝，7岁柴宗训继位。显德七年（960）正月，时任殿前都指挥使赵匡胤，领禁军“陈桥兵变”，取代后周，定国号为宋，改元建隆元年（960）。初期避免“池渔之殃”，自建隆三年（962）起，在三年中出兵平定荆湖、湘、后蜀。开宝元年（968）八月至次年二月，两次出征北汉。开宝四年（971）二月攻灭南汉，屯兵于汉阳，居长江中段，威胁南唐。经三年准备，于开宝七年（974）闰十月起，宋军水陆两路齐下，浮桥渡江，围攻金陵一年之久，次年十一月，金陵城破，李煜被俘。开宝九年（976）宋军平定北汉，从而南北完全统一，延续50年之久的五代十国终于结束。

《元丰九域志》载有“利国山”，古名即山，蕴藏着以铜为主的金属矿产资源。先秦兴起铜矿采冶活动，并初具规模。《汉书·食货志》记载：“即山铸钱，富埒天子”，“国内富饶”。西汉铜矿冶走向兴旺阶段。元封二年（前109），加强中央监控，设置全国唯一的“铜官”，主管铜采冶铸事宜，邑人选择山系中最高峰为标志，改即山名为铜官山至今。《后汉书》记述，东汉明帝永平年间，选定铜官山下惠溪（河）流向长江口岸的江浒集市，设置铜官镇（今五松镇）。汉代铜矿冶业的生产规模和技术水平，在全国具有领先地位。三国吴至南朝隋，虽然征战先后三百多年，但铜官山地区比较安平，铜矿冶业仍然相继发展。唐中期前，铜官山地区属宣州南陵县。《唐书·地理志》记载：“南陵有铜官冶。”宣州设钱监，铜采冶铸的规模、产量、技术等，都发展到一个新的水平，比汉代有更大的进展。考古发现铜官山下原惠溪上游，暴露冶炼遗址，有唐土筑炉基4处，石砌炼炉残迹若干，鼓风管残片、灰坑若干，还有汉代陶片。专家震惊“太珍贵！”还在惠溪畔发现汉唐炼铜渣6处，初估20万吨，专家惊叹“中国之最！”明万历十五年（1587）《铜陵县志》记载：“铜官山在五松山南，昔取铜赋，南唐利国山，置监于下，后为铜官场，岁久乏铜场废。”

《元丰九域志》载有“梅根山”。澜溪老镇相隔青通河对面地方，就是历史悠久的梅根冶。史料记述，东汉建安年间，选择地理优越的梅根山地带为铜冶铸基地，利用长江水道便捷，集聚周围多地铜料，设置冶铸钱币场所，世称梅根冶。近邻一河名为钱溪。东晋诗人陶渊明于405年泊舟作诗题有“钱溪”。南朝宋《通鉴》记述，秦始二年（466）“张兴世既据钱溪，陈庆引舸三百攻之，军于梅根”。唐代诗人孟浩然于开元十八年（730），泛舟长江作《夜泊宣城界》（今铜陵江段），诗句“火炽梅根冶，烟迷杨叶洲（今大通和悦洲）”。唐元和八年（813）《元和郡县志》记载：“利国山在县（南陵）西，出铜，供梅根监。”梅根冶在汉晋南朝隋唐时期，相继得到发展并兴盛。《元和郡县志》记载：“梅根监并宛陵监，每岁共铸钱五万贯。”所需铜料是近处的铜官山（利国山）。由惠溪船运，经江浒、鹊头港，舟楫沿江上行，又途经澜溪镇，运往梅根冶场所。昔有《澜溪八景》之一“梅冶风帆”。1996年扩建铜池公路，在郭岗发现唐代煅窑铸遗址，出土熔炉，旁有炼渣、陶瓷等物品。历史佐证，古澜溪和梅根冶，有着相互依托的不解之缘，于同时代生辉。

五代十国政治上的割据，带来了经济封锁，各国地区自铸钱币发行。南唐地广人多，社会经济发展繁荣，商品交换需用钱币。在升元、保大年间，钱币种类较多，采用青铜铸制方孔圆形，主要有“唐国通宝”“大唐通宝”“保大元宝”“大唐镇库”等，形制小平（小或大型）。南唐钱币用量甚大，重视开发利国山所产铜料，供梅根冶铸制。显德七年（960），南唐停铸钱币。

《元丰九域志》载有相关重要的文句，有“开宝八年”“升州”“铜陵”“大通”等词。“开宝八年”是一个既定的历史特殊性之年，是宋军围攻金陵取胜南唐灭亡之年。明证此年北宋初已存在铜陵县大通镇了。从设置铜陵县到开宝八年，共历时25年中，史料记述五代十国晚期，仍处于多国战乱，其中南唐李璟在位十年，国势下降，失地取帝改元。北宋建立（960）第二年，李煜嗣位至南唐亡共十五年。

历史告诉我们，一个国家或地区，处于非战时世，如领悟、关注行政事务，理顺体制，分级管理，就会促进社会经济发展和历史进步。研讨大通镇名的文史，力行注疏。多方面综合评议，初认南唐保大九年（951），设置铜陵县，治所迁移江浒，并将沿江的重镇澜溪，更名为大通镇。历史见证，原长江畔的雏港，演进重镇澜溪，后到大通至今，历时2500余年，千年古镇，名垂青史。

（2017年仲秋）

和悦洲史话

和悦洲，是一块与铜陵市郊区大通镇老街隔夹江相望的长江中的陆地，四面环水，面积近三平方千米。和悦洲的历史悠久，长期以来，颇多文章及专著，从不同的角度多方面记述其往事风貌。根据有关资料，对沙洲的形成沧桑，地名的变更印记，商贸的兴衰岁月，期待的修缮复兴进行简述。

一、沙洲的形成

据《长江航道史》和相关资料的记述，长江古称水江、大江。上游水的流势迅猛，常挟运大小不等的碎屑岩石，到了中游即出三峡后，水势渐缓，只能携运细砾石及泥沙等物质，至于下游流速更慢，搬运的物质多为很细的泥土之类。

自古以来，长江中下游水势东流，常挟有大量的砾石泥沙而下，中粗粒又比重大的先沉积，细粒又比重小的后沉积，但仍然有软泥沙的存在，最后固结为坚硬的沉积岩。泥沙经过长期沉积，缩小了长江江面宽度，原平坦地势却形成了滩地，久而久之自然产生了夹江、湖泊、浅水带、沙洲等。

今大通老街道以西至对岸枞阳县沿江（老洲、农场等）地区，唐宋以前两岸之间的长江，流速平缓，水域宽阔，一望无边。第四纪以来，长江干支流大量的泥沙到此地区，长久受到今大通地境的长龙山、羊山矶等磐石作用的阻碍，自然形成堆叠深厚的沉积层。在地壳升降运动中，长江沿岸多次轻度上升并切割加深，发育了由沉积层组成岗冲相间的二三级阶地。

天赐的沙洲地，随着岁月的流逝，沉睡千年被人唤醒。先人发挥沙洲的良好地理位置，利用优越资源，数代人勤奋持续开拓发展，春华秋实，已见成效。尤其是清代后期和民国早期，人烟辐辏，商贸兴盛，闻名四海。

二、千秋杨叶洲

沙洲经历漫长的岁月沉淀，自然形成一片渐长的芦苇丛生的陆地。登长龙山观望沙洲，可见长江水面中有些漂浮物似为杨树叶片，故南朝初期邑人称其为杨叶洲。

杨叶洲的上游近十里的南岸处，为历史悠久的梅根冶。史料记述，东汉建安年间（196—210），选择梅根山（今桐梓山）地带，近有相邻的集市澜溪镇，周边产铜并水运方便等良好环境，设置冶铸钱币场所（今梅龙镇东部）。20世纪末，考古郭岗村处，发现唐代煅窑铸遗址，出土熔炉、炼渣等。汉晋南北朝至唐宋，相继得到发展并兴盛，对促进和繁荣社会经济起着重要的积极作用。

北周文学家庾信，早年辅助南朝梁为官东骑大将军，已知南陵县所辖梅根冶的铜铸事宜。梁被灭，到北方北周为官，明帝二年（558），作《枯树赋》中："北陆以杨叶为关，南陵以梅根作冶。"说明两地有着重要的社会地位和历史价值。

唐著名诗人孟浩然，开元十八年（730），泛舟长江，途经宣城郡南陵县界地（今铜陵与池州交界江域），作《夜泊宣城界》诗："火炽梅根冶，烟迷杨叶洲。"见证铜冶铸场景壮观。

北宋乐史于太平兴国八年（983），撰编《太平寰宇记》记载，杨叶洲"在贵池县西北二十里大江中，长五里，阔三里，如杨叶"。位置指杨叶洲，正是今和悦洲。

清文学家姚鼐，桐城人。乾隆二十八年（1763）进士，入翰林院，官刑部郎中，历主江宁、扬州等学院四十年。有一年春乘舟，由安庆江下，途经大通杨叶洲时，感悟作《出池州》诗："桃花雾绕碧溪头，春水方通杨叶洲。"诗后自注："杨叶洲，在大通河口附近。"诗人不忘昔日，仍用千年前的老洲之名，追怀旧情。

文史记述，自北周到清代的一千多年，仍被世人称为杨叶洲，佐证其历史悠久。洲地形成历史，始于东晋，到南北朝，辖侨置定陵县属宣城郡。隋唐属宣州南陵县。唐文德元年（888）后，属宣州义安县。南唐属升州铜陵县。宋属江东路池州铜陵县，元属江南道池州路铜陵县，明清属池州府铜陵县。

三、生辉荷叶洲

杨叶洲始形成经隋唐宋到元末明初，千百年岁月中，不断有泥沙堆积，还遇到长江的枯水期和洪水期的影响，又受到江水的冲击等因素，洲的面积逐步扩大，形态又渐有变化。远处高眺，洲为四面环水，自然恰似一枚飘浮江中的大荷叶，邑人称荷叶洲。

民间相传，唐朝前期，新罗国（位于今朝鲜半岛东南部）王太子信佛，云游中国，到九华山朝圣，途经桐城藕山（今枞阳县㘰山），不慎将藕根叶梗踩断，藕头顺江旋漂，至沙洲扎根后长出荷叶。荷即莲，莲品格喻圣洁、清净。美好的神化之灵，邑人为怀旧和崇仰王太子，始称荷叶洲。

地貌的演化和神奇的传说，寓意深长。确乎荷叶洲，早先却是荒洲，仍见遍野的芦荻繁茂，芦花飘扬，鱼虾丰饶，别有天地的境界，吸引了宋元明清的名人泛舟此处，抒情赋诗，生动地描绘沙洲独特景观，成为历史文化遗产。

南宋文学家、诗人陆游，乾道六年（1170），入蜀途经铜陵境，遇大雨狂风受阻，作《夜宿羊山矶》诗："此行十里苦滞留，我亦芦从厌鸣橹。"

南宋诗人杨万里，绍兴二十四年（1154）进士，官至太常丞、秘书监等。绍熙初（1190），出为江东转运副使，驻节金陵，曾巡视江东诸地。泛舟途经铜陵地，江水浪大，作《舟过大通镇》诗："芦荻偏留缆，渔罾最碍船。"

元末明初文学家陶安，元至正初年（1341）中举人，明洪武元年（1368），命知制诰，兼修国史。明初泛舟途铜陵江中，作《羊山矶》诗："东岸矶头拥赤霞，西边沙渚老蒹葭。"

明万历十五年（1587）《铜陵县志》记载："荷叶洲在县西南四十里大江中，近淤涨洲。"《铜陵四境之图》标记有荷叶洲。明戏剧家汤显祖，号海岩，万历十一年（1583）进士，官至南京太常寺博士、礼部主事等。赴南京任职，泛舟江下，作《过铜陵》诗："沧浪荷叶点，春色凤心知。"指认于明代中期，世人已称荷叶洲。

1983年，在和悦洲出土一座石碑，上刻：本洲。中刻：土地福德祠之神位。下刻：清顺治捌年二月初壹。实证清初1651年前或明代末期，一个同族大家，在荷叶洲获得土地从业，生存兴旺，建造祠堂，适时祭祖。

荷叶洲因地理位置优越，天然成为连接沿江城乡地区的航道中心的重要良港。南宋时期，渔民登洲地，利用芦苇、茅草等，建造简易棚户，鱼汛时临住，后却长久而居。发现此地土壤丰肥，可种植庄稼等，于是安居乐业，形成自然村。南宋至明初，先后有本地和外籍人群，奔赴荷叶洲拓荒安生。相传实行以插芦栏或草栏的方式，先到者为东家，这引起后来者认为缺失公平而愤慨，开垦者互相争夺兼并土地，时而发生冲突，并随之矛盾加深，从而导致争讼连年，无休无止。

明末崇祯八年（1635），皇甫信由举人任铜陵知县，为政勤谋，事必躬亲，辨风土，察利害，颇以解民瘼、益民生为急事，官民共鉴，调和纠纷，初步取得了一定的社会效果。由于历史因素，多家族士民意识存在差距，仍于后来又断续引起纠纷。

清康熙三十一年（1692）编印的《读史方舆纪要》记载："自大通河与贵池县接界……江中之洲，曰下荷叶，曰横港，曰曹韩。"

道光元年（1821）《皖省志略》记载，铜陵"江中之洲，曰下荷叶，曰下港，曰曹韩（今老洲）……"荷叶洲洲名未变。

清《晚晴移诗汇》和有关文献记述，浙江上虞人田维翰，于咸丰十一年（1861），乘船由故乡返回汉口，船途经铜陵地，作诗《十月十四日夜泊荷叶洲对月有怀》，诗题为证，咸丰年仍旧称荷叶洲。

光绪三年（1877）编《重修安徽通志》书册内《池州府图》中，标注有江中洲名为“和悦洲”。史料证明“荷叶洲”已改名“和悦洲”。何时改名，初步认定应在同治年间。

据县志记载，县境大水成灾受难，多发生在夏季。清乾隆至光绪时期，共发生146余次，平均4年1遇。荷叶洲遭遇大雨，江水上涨泛滥，洲淹，庐舍损害，严重影响社会经济发展。但是安居洲地的商贾、坊主、百姓等人群，众志成城，战胜困难，重建家园，改造扩大，创业发展。

曾国藩，清道光十八年（1838）中进士。咸丰四年（1854）在乡创建湘军，十年（1860）四月，以兵部尚书任两江总督，八月兼任钦差大臣，和弟国荃率湘军主攻省城安庆。十一年九月初，太平军安庆失陷。同治元年（1862）五月，曾在安庆与来自大通的彭玉麟久谈军政事宜。同治三年（1864）九月初，曾由安庆乘舟江下途经大通荷叶洲，登陆与幕僚勘察，筹划于十一月“大通设招商局，中路售盐向以大通为总汇。本部堂礼委刘牧履祥驻扎大通，设招商局，专司中路招商、验照、收厘各事务。唯大通镇销盐畅滞天定……”（曾国藩撰《淮盐运行皖岸章程》第二条）。选择大街前段（今粮站处）为招商局，拟坐西朝东，设置八进公堂，附置盐仓、盐船、码头等，并设督查盐船验票纳税站，俗称“大关口”。

李鸿章，字少荃。道光二十七年（1847）进士。咸丰三年（1853），回乡合肥办团练抵抗太平军。咸丰八年（185）入曾国藩幕，咸丰十一年（1861）编练淮军，次年升任江苏巡抚。同治四年

(1865）五月署理（暂时）两江总督。同治五年（1866）十一月，为钦差大臣。冬接荷叶洲盐务，更名“皖岸督销局”。鉴于夏季洲地大水之患受损，次年盐局进行修缮改扩。一年来增建公堂到十三进，盐仓2个（总4个），扩大盐船运输。局大门至江岸砌有宽三丈，三十余级石阶，两边镶以石板并刻有花纹扶栏，上下两端各立石狮。盐局正门旁，立有一对大石鼓。江边设有渡口，可达大通街道。同治七年（1868）时，盐局设施范围庞大，宏伟壮观，闻名四海。

常言：一业兴，百业盛。同治前期，盐务机构的兴起，太平天国的失败，社会相对安定，进一步带来了商贸发展时机，招引了外省如湖南、湖北、江西、江苏等，以及省内各地如徽商，多种行业如手工业、船业饮服业等，纷纷涌进荷叶洲，人口猛增超万。为适应扩展繁多的商业经营，利用地势，先建大街，后依次又建二街、三街，竖向而行，三街平行穿越，横向联结为巷衢，巷口通向江边。街巷设立商铺、作坊、住宅等。历史条件的影响，资源受限，房屋多为木结构土墙草房，潜藏火情隐患。洲民为获得土地建房，多因素而争吵不断，早先各行其是地扰乱布设。

四、兴隆和悦洲

中国古代天文学家，把天空中可见的星之集合体分成为二十八宿，把天空的东、南、西、北四个方位想象成四种动物形象。名地和悦洲（荷叶洲），东边是长龙山，绵长蜿蜒，郁葱起伏，给人以生机勃勃的感觉；南边是青通河入江口，鱼水情深，舟楫争流，远处有古老的梅冶紫烟；西边是大江中珍稀白鳖豚，逐波戏浪，善良温存，远处岸边是一望无际的田野，充满活力；北边是羊山（矶），突兀峭拔，屏障阻风，良港的保护神。沙洲聚四方之气，洲势相似元宝形，寓意招财进宝之福地。

中国的风水学，是在人民群众长期的生活经验中不断总结得来的。风水是一门环境选择的学问，其目标是追求对人生发展有利的生活环境，讲究土壤、水分、空气、光照等环境因素的相互协调，以达到气的统一。风水环境学理论的基本原理是聚气。《淮南子》曰“气者，生之充也”，强调气是生命的实体，水是生气的体现。有气才有韵，有气则生存。和悦洲周边江水滔滔流动，说明气在运动，洲地就有了灵性，与自然和诸统一，确是风水宝地。

彭玉麟，字雪琴，祖籍衡阳，生于安庆。道光十二年（1832）随父回籍，著名政治家、军事家、书画家。咸丰三年（1853），投曾国藩，分领一营水师。咸丰五年（1855）授轻车都尉，咸丰七年（1857）为水师协助，咸丰十年（1860）参与主攻太平军安庆，咸丰十一年（1861）擢水师提督，复授兵部侍郎，定水师营制。同治元年（1862）五月，荷叶洲设立参将营，又置厘金局。同治二年（1863）初奉陪曾国藩由省城安庆江下，途径大通（荷叶洲）、芜湖，到金陵镇江、扬州等地，并先后往返，于同治七年（1868）十一月作别。同治八年（1869）春，彭玉麟回籍服母丧三年。儒将彭玉麟任职时，每年巡阅长江水师，必然途经荷叶洲（营部），查访社情民意，常闻洲民多年为土地争讼不已，街道房屋简陋又屡遭火、水患难，认识到社会存在不安问题，需要妥善解决。又为适应盐局的改扩建，得到曾国藩的默许支持，受到商人、民众的赞许。同治九年（1870）洲又遇大水受灾。同治十一年（1872），彭玉麟遂命将荷叶洲改名为和悦洲。

时下却认“荷”是杠，杠之犹不举，岁月枯荣，讳其意选取“和悦”为佳。《荀子·王制》言“百姓和”，和睦协调，寓意人应和谐愉快，万事兴盛。

彭玉麟注重社会调查研究，总结以往的经验和教训，利用地方资源，发挥地方名士的作用，得到民众的理解支持，重新策划组合，复令洲民将草房改建瓦房。经一年的工程建设，自东向西依次叫大街（商店众多）、二街（金融中心）、三街（服务行业），街道路面铺设长方形或正方形石板，浑然一体。路下设置排水沟系统。街道两侧占主体地位的是砖木结构，粉墙黛瓦马头墙，鳞次栉比。店面是木槽门，后堂是作坊或仓库，楼上多为卧室。砖木石三雕融为一体。古色古香的街道构筑物，朴实中透出大方和灵气，显示了徽派建筑的艺术特色。

和悦洲早期改建拟定二十家规划一巷，有不听从者，悉遗泥水匠强行拆毁之。始大街穿二街至三街，横向联结，建造巷衢，宽一丈二尺。各巷道间距，大巷一丈，小巷六尺。各巷口设置多级石阶通向江边。街巷口内设有用石头做成的消防池，常存满水备用，上刻警示语“有备无患”。

为消除火患，盖取以水克火之意，彭玉麟将街道十条巷名，选定均以三点水偏旁的字，分别为江、汉、澄、清、浩、泳、濛、洄、汇等。各巷口立有木质牌楼，上镌彭公亲题的巷名。后因商业兴隆发展，光绪初期，三条街道又向北延伸，故又增加三巷，邑人沿袭选取河、洛、沧为巷名，世间统称“三街十三巷”，传承至今，形成了地方特色。街巷建设吸收了多种文化元素，街巷建筑凝固的文化积淀和厚重的文化底蕴，呈现全国少见的江中沙洲之城，彰显着古朴的历史文化和重要的社会价值。

关于荷叶洲改名为和悦洲，出于何时何人之事，近年来，社会上出现议论（正常）。据有关文献记述，时间基本共认在清同治年间。何人之办，有文章认为曾国藩或彭玉麟等，有人言待考。依据《曾国藩日记》所述，咸丰十一年（1861）八月，太平军安庆失陷，曾赴安庆。同治二年（1863）二月初一，乘舟江下，“至大通湾泊时许，至厘金局少坐……午刻仍登舟开行，又五十里至土桥。”后到金陵又返程。同治三年（1864）九月初四，“黎明开船百一十里，至铜陵下夹湾泊……傍夕至岸上散步，与幕中诸友畅谈”。后经芜湖入城金陵。同治四年（1865）三月，曾离金陵北上，奉命督办直隶、山东、河南三省和上海军政务，镇压捻军。同治五年十一月十六日记：“余以衰病辞位获，从速双难。”二十八日记：“接奉廷寄，仍令余回江督本任。”同治七年七月二十七日记：“接奉谕旨，余调补直隶总督”。曾国藩晚年身体欠佳，癣疾和眼疾超二十多年之痛痒，后又得肝、肾疾，多病缠身，于同治十一年三月病逝。同治年初期，曾国藩先后两次舟行途经大通荷叶洲（休息）。自同治三年（1864）九月以后，未再到大通，另行诸地军务。同治年初至光绪九年（1870），有关长江（中下游段）带事宜，由文武双全的彭玉麟主统，每年巡阅水师，很有名望（多地县志记载）。彭巡行荷叶洲之事宜，又多次与曾国藩久谈（有文献记载），曾国藩日记有文字。还有社会依据的民间传说彭帅轶事流传至今。曾国藩日记没有洲改名文字，也可以讲一个小地方改名，朝中高官一般不会介入。若有，铜陵县志为何未有记载。综合述评，初认彭玉麟操办，于同治十一年（1872）改荷叶洲名为和悦洲。若有争议，可研讨补正。

和悦洲更名后，社会影响增大，加上盐务的兴隆，更加吸引了本地和外籍，尤其徽商及两湖等商贾，相继踊跃入洲，从事商贸业、运输业、农渔业、手工业、饮服业等经营活动，形成了“三街十三巷”的密集城镇。从名称的荷叶洲后期到和悦洲的前期，从年代的清咸丰同治到民国前期，在这极为有限的沙洲上，竟然容纳了那么多的商行、店面和住宅，创造了前所未有的辉煌。异常繁荣的商品经济，进入了重要的盛世时期。在商会注册的商号有四百多家，交纳会费的大小商店近千家，可见四方商品畅通，商贸所需货品应有尽有。街市人群云集达六万，南来北往，川流不息。洲岸大小码头几十处，盐粮设有专用码头。商船桅杆林立，首尾相连，绵延数里，十分壮观。有关资料所述，光绪年间，在和悦洲成立商会，先后组成徽州会馆、两湖会馆，创办宝益小学，英日商开办大轮（申汉）通航，设趸船码头；泰昌开办小轮营运，设邮局、置财神庙等。于民国前期，创办圣公会、和悦小学、新大通报、鹊江日报……时列安徽省四大商埠之一（另为蚌埠、芜湖、安庆）。岁月悠久的历程，特定的历史环境，人气商贸兴盛，造就了一度独特的繁华，促进了社会经济进步，呈现了丰富的历史文化内涵。

时局突变，遭受灾殃。抗日战争爆发，1938年3月，驻守和悦洲的国民党川军独立十四旅南团，实行“焦土抗战”，下令放火烧毁“三街十三巷”达一个月。同年5月，日寇军机两次轰炸大通和悦洲。火与敌机轰炸之灾难，造成断垣残壁，街毁人稀，令人伤心惨目。

古韵和悦洲，盛世一度业绩，名垂青史。如今，行走在“三街十三巷”的遗址上，感知难忘情境。依旧保存的残败老房，没有了浓浓的商业味，失去了以往的岁月和繁华，少了昔日的喧嚣和嘈杂，多了现在的荒草和安逸。寻找文化遗存，必将带来浓厚的兴趣，一间屋址，一块石板，一方石碑，一艘木船，一座码头，一个商号，一张老报，一所学校，一棵老树，一首古诗，一个传说……岁月史影，都是生命的永驻。注重挖掘古迹，广泛征集文物，凝结一页历史，映射一个时代。在保存原貌的基础上修缮，利用好优越资源，发挥好文物价值，打造生态副城，开发旅游景区，提升文化品位，让人望得见洲、看得见水，让人敬仰先人的才智风采和追怀沧桑，让人感受时空交错的美妙，让人体会历史多彩的文化。

（2015年）

追述铜官山的老庙和惠溪

铜陵市区东南郊的高峰铜官山西北处山麓有一座保胜侯庙，山下有一条惠溪河，老庙和溪水，天成仙境，相映生辉。寻索千百年时光流逝的长河，研习本土历史地理文化，印证特殊时代的饱经沧桑，追述铜矿发展和城市建设的历程印记。

一、福地庙宇千古

方志和史料记述，南朝齐建元年间，西晋浔阳太守张宽，为政贤明，死后成神，选择金贵风水宝地、神奇造化的铜官山麓，始建坐北朝南的庙宇以祭祀，世称“铜官福主”。唐贞元年间，观察使裴肃平定浙东山越起义，传张神（宽）“阴有助战功”赠封游击将军。中和二年（882），其子裴休（曾任兵部侍郎、相国观察使等），奏封张宽为保胜侯，即命庙名。裴休晚年（885），慕名来铜官山游历观庙，作《铜官山保胜侯庙》诗：“浔阳贤太守，遗庙古溪边。树影人流水，石门当洞天。幡花迎宝座，香案俨炉烟……”五代杨吴乾贞三年

（929），张宽加封公爵为保侯公。

南宋绍兴九年（1139），圣赐庙额为“昭惠”。成淳八年（1272），增爵封为“灵祐王”，并因更改庙名。年代长久，多次受损，故又屡次修葺。元代至元十三年（1276），“庙毁于兵”，邑人陈振修复为新，“殿宇邃亚，门径森矗，标以楼观，环以庑序，视旧有加”。学士卢赞书刻碑文《旧修灵祐王庙记》。

明初洪武四年（1371），“庙厄野烧”，邑人俞时“为之鼎新”，拟农历六月一日，列为神诞，有司亲癸常典。民间九月九日，为龙烛会赛神日。百年后，庙又损坏。成化九年（1473），县令欲望更新，特命耆老袁思琼及子室，复修十余年，初建正殿、东西两廊、殿门等。后续建砻石为柱碑楼，揭匾于庙门之首。绘饰梁栋，丹碧流辉。还用石砌池，用石筑台阶、平台等，呈现“规宏于昔”“庙之完美”，壮观名扬。弘治二年（1489），铜陵教谕杨泰，曾书刻碑文《旧建灵祐王庙记》，并观赋诗。清顺治十四年（1657），于庙后建大观楼。乾隆二十年（1755），又重新修复。世传张神御灾福民。

千百年来，历代众多名人、官宦、民众等，慕名游览铜官山，观瞻古庙纳福，并赋诗文缅怀。从晚清到民国，一百多年中，庙宇因战乱、山洪等历史因素，受损又失修，渐变断垣残壁。新中国成立，国家重视铜矿开采。早期参加工作的老人，忆想当年，走到俗称老庙较大的遗存现场，仍见有基石、墙根、石级、瓦片、朽梁等古迹。庙后有一座与铜官山东北端隔谷地相连的山头，海拔163米。庙与山相铺而行，相映成趣。时下山麓有老庙古址，庙有基石，原山头无名，故取名“老庙基山”，后又以此，起名“老庙坑口”“老庙基山铜矿”等。老庙基山埋藏丰富的铜矿资源。考察发现有古洞痕迹，见证先人曾在上部进行开采。1853年7月，国家重工业部批准露天开采报告，决定老庙基山、小铜官山负25米中段以上采用露天开采。1956年3月完成基建剥离，4月1日正式投入生产，日产矿量2900吨，全部基建剥离217.3万吨。于是，铜官山露天铜矿成为国内第一个自行设计的机械化露天矿山。

当今，铜陵市兴建“大铜官山公园”，实置多条登山石阶路径，并建亭、廊等，还置椅、凳、停车场等休憩设施。目前市民勇登高山，远眺天际长江东流，近望市容壮丽景观，令人心旷神怡。公园复建保胜侯庙，含门坊、长廊、殿堂、驿站、广场等，展示古韵神奇圣迹风貌，别有天地，让人寻思探幽，追怀福地灵气。

二、惠溪水韵流传

惠溪（河）源自铜官山中峰北麓惠泉。《诗经·邶风·燕燕》：“终温且惠，淑慎其身。”《荀子·天道》：“以惠天下。”铜官山北部，毗连众多山脉，整个山系环合的地域，范围广阔。山峦起伏，拥有众多的山谷溪流，其上与惠泉水汇合，自然形成河道，世称惠溪。流程始铜官山北麓的古庙后惠泉，沿山谷弯曲顺流，自老庙基山与小铜官山的谷地，到平顶山与笔架山（古称石耳山）之间，转向西北丘陵地，经杨家山西麓、金口岭东麓、鹞山东麓、吴家冲东等，到下游辽阔的油榨滩沼泽地（芦苇塘湖），至古矾港注入长江。历史见证，自惠泉绕山流淌十多里的惠溪，造福一世。

相关文献表述，元代前的汉唐宋时期，惠溪宽而深，水质清而明，水量充沛，流势通畅，为长江一条支流。元代大德三年

（1299），著名学者诗人池州齐山书院山长（校长）贡奎，乘船游览铜陵，赋诗《铜官山》："棹此一叶舟，观山复观水。得山可栖身，得水可洗耳。"上源铜官山，下至长江，绕山流淌十多里的惠溪，独特生态环境，航运水道优越，为促进铜采冶业的发展和兴盛，为保障人员来往、物资贸易运输，还为农业灌溉、生活饮水等，发挥了重大的历史作用。

惠溪上游地域，铜官山的西北面，耸立相连的八座高低不等的山脉，蕴藏着丰富的多金属矿产资源，尤其铜储量颇多。史料和考古记述，早于商周时期，初兴铜矿采冶活动，战国形成一定的生产规模，创制青铜器物。西汉元封二年（前106），国家在此地设立全国唯一的机构"铜官"，主管铜采冶铸事宜。邑人认定山系中最高峰原称"即山"，后更名为"铜官山"，传至今日。先人为矿石搬运方便，就近在惠溪岸边设置炉群冶炼，生产铜块，直至南宋渐变衰落。但在上中游岸边，古人就遗留不少铜渣。1983年，铜陵文物普查，引起社会关注。后经国家、省、市及院校专家考古验证，发现6处炼铜渣，范围较广，堆积量约20万吨，确认为汉唐炼铜渣。2009年夏，在古惠溪边，拆除平房，建"民悦大兴城"楼房时，又发现汉唐时期铜冶遗址，见有渣块、炉基石、炼炉残迹、鼓风管残片、陶瓷片等。考古专家多次惊叹称赞"太珍贵！""中国之最"。历史证实，古代铜官山下的惠溪上中游地区，铜矿采冶业兴盛，生产规模宏大，先进技术水平，成为重要的铜采冶产业基地。铜官山地区所产的铜矿石、铜锭（块），装船由惠溪经长江运往梅根冶或所指定之地。

惠溪流域，生态良好，山清水秀，植被富饶，水运方便。到清末民国时期，惠溪上游段，即老庙旧址下的山地，置有吴家村，相隔较近的笔架山（古石耳山）中部南面的葛藤湾处，置有潘家村。向下的临惠溪的丘陵坡地，置有罗家村。今宝山农贸市场地，昔有罗氏祠堂，后毁。惠溪中游地域，主要是杨家村，范围较大，村名较多。下游主要是吴家冲的沼泽滩地，后垦田为鲁家圩西区。

千百年来，多次的暴雨山洪，土石沙泥流入惠溪，遭受水患，造成河床增高。到民国时期，惠溪水清流势良好，宽4～6米，深2～3米，水量时大时小，但仍充沛，还见有鱼虾戏水，常年为农田、菜地灌溉、村民饮水等起着重要作用。

三、惠溪环境变迁

时光流转、星移物换。中华人民共和国伊始，惠溪上游的铜官山铜矿，中央列为全国重点产铜基地。1954年10月，成立铜官山露天铜矿，即时进行基建剥离土石，主要倒入惠溪上游及平顶山北坡地区，形成长500余米、高30多米的废石场地，堆积如山。从此，惠溪上游埋没，溪水暗流。

此后，铜官山铜矿实施地下开采，早期开拓5米中段为运输巷道，始于选厂主井，经老庙基山、小铜官山、涝山到宝山矿区。后期开采延深负330米。由于地下井巷和采空区甚多，地表山系溪水，几乎沿裂缝涌入地下，故铜矿多在中段设置水仓和水泵，构建排水系统，因而造成惠溪的水源大减。20世纪60年代末，上中游地域的农田、水塘、多数菜地及少数村房等基本消失，相继修建道路、商店、工厂、住房、学校及公共设施。为庆祝铜陵建市30周年，编印《今日铜陵》书册，插页《1985年铜陵市区平面图》中，标注古惠溪（河沟）流向，到钢铁厂东北的沼泽（湖滩）北段，改道注入黑沙河下游。

惠溪上游地域，基本成为露天矿区范围。1953年起，拟定废石场北面的山坳区，因地制宜地设置矿部机关房屋、运输道路、机修车间、物资仓库等。同期，沿惠溪上中游的北侧兴建宝山路，西段至跃进桥。东段矿门口设置食堂，其对面利用古惠溪，筑石坝蓄积溪水为一小水库，并置泵房，为矿山初期供水起着一定的作用，后来因使用自来水，又因水源枯竭而停用。随着矿山发展，统筹沿宝山路东段，于1954年起先后建造露采新村平房、单身楼、俱乐部（可放电影）、职工食堂、卫生所、小学校等。1969年，进行罗村矿体地下开采，考虑宝山路东段为陷落区，拟改道原路绕行，选河沟南边重建路段筑两座钢筋混凝土桥。开挖桥墩基础时，见有许多大小不等的卵石，证实古惠溪河床具有宽而深的形态。1985年年底，露天开采结束闭坑，原矿部所在地改建啤酒厂。早先原宝山路东段的平房、矿山公益设施等，20世纪90年代先后拆除，新建住宅主要是“民悦大兴城”高楼群。2013年改扩建宝山路等，老区旧貌换新颜。

1954年5月，市区首条10千米长的铜兴路建成，它始铜官山铜矿，至兴隆镇即扫把沟江边（今笔架山路和金山路）。因途经杨家村南边，跨越河沟（古惠溪），故兴建首座木质桥，四年后扩建起名为“跃进桥”。汽车运输量的增加，1970年改成石拱桥。1992年扩建，于两边实施钢筋混凝土加宽。铜兴路几次改扩建整治良好，并更名金山路。

1957年，自跃进桥沿河沟向下，择优两侧丘地，先后兴建杨家山村、爱国西村、新光村、新明村等住宅平房。筑河沟为涵洞，连接两边四村，建成爱国西路、杨家山路。1990年，修建淮河路中段，规划筹建拆除早期爱国西村、新光村、新民村平房和原商业设施，整治河沟，砌筑片石上铺混凝土盖板，形成暗渠。沿故道重建杨家山菜市场，周边设置商贸新街市，主要新建淮河路中段商业和住宅高楼群。

1962年，自跃进桥沿河沟向上，兴建有色物资仓库，并铺设窄轨铁路专用线。在仓库向上的地境，即沿河沟，先后建有拉丝厂、电焊条厂等。仓库相隔宝山路对面为有色橡胶制品厂。1973年，又在河沟下游，兴建有色物资仓库，同一铁路专用线，相通市区主干线。1990年拆除专用铁路，后建铜庄小区、“一品江山”楼群等。

1970年，跃进桥东头，铜兴路与宝山路交汇的东南三角地域，昔日是一个与惠溪相通的大水塘，周边有水稻田。城市发展需要，实行填塘造地，兴建市郊区政府机关。二十余年后迁移。

（2017年10月）

追怀五松山

五松山，位于今铜陵市区长江西路北侧天井湖公园东南主景区一带山冈。唐天宝十三年（754）秋，诗仙李白首次只身由宣城陆路到南陵。天宝十六年（756）秋，李白为避安史之乱由金陵泛舟上行，第二次来到南陵，故地重游。史载，南陵于南朝梁普通六年（525）置县。隋开皇九年（589）境区扩大含今南陵、繁昌、铜陵、青阳和贵池等大部分地域。古时铜陵地，先秦产铜，西汉元封二年（前109）设置全国唯一的铜官（今铜陵市），三国吴、南朝齐设置铜官场，隋唐设置铜官冶（梅根冶）。铜陵历代为产铜重要基地，创造了颇具地方特色的青铜文化。

李白到南陵相见赞府（县丞）常建，受热情款待结友，同赴辖区铜陵地，寓住五松山，抒写《与南陵常赞府游五松山》。诗曰："我来五松下，置酒穷跻攀。徵古绝遗老，因名五松山。五松何清幽，胜境美沃州。"诗人赞美为山起名，陶醉其间，"吾欲归精修"。李白酷爱五松山，相继书写多篇诗文。《于五松山赠南陵常赞府》，向好友一吐怀抱，欲求同情。《纪南陵题五松山》，借古抒怀，表达晚年幽愤。

《宿五松山下荀媪家》，表露对人民的真挚深情。《南陵五松山别荀七》，论德谈贤抒胸怀。

李白游览铜官山，迷恋蔚为壮观的铜矿冶场景。“铜井炎炉歊九天，赫如铸鼎荆山前。陶公矍铄呵赤电，回禄睢盱扬紫烟。”（《答杜秀才五松山见赠》）原诗自注：“南陵有铜官冶，即梅根冶也。”诗人驰骋想象，神接天地，生动描写铜官山麓气势磅礴的当年产铜矿冶场景之盛况，是我国吟咏冶金最早的杰出诗句，具有极高的文史价值。地质记载，铜陵地区早在商周时期已揭开了铜的采冶和利用，其规模和技术时在全国占领先地位，现留下了古代矿冶遗址近百处和众多文物宝藏，文化内涵丰富。中华人民共和国成立后创建大型铜工业基地，举办十几届青铜文化节。铜陵矿冶三千年，世称中国古铜都。

李白两次游历铜陵，酷爱佳丽山川和神奇矿冶。“我爱铜官乐，千年为拟还。要须回舞袖，拂尽五松山。”（《铜官山醉后绝句》）诗人醉酒铜官山，酷爱五松山，豪爽坦荡，展示深情蜜意，绝句千古流传。李白迷恋古老铜官山独特奇异的矿冶壮观图景，怀有真挚感情高歌“铜官乐”，响遏行云的佳句传诵四方，招来了历代名人雅士慕名相继涉足，缅怀诗仙魂，千里跋涉壮游寻踪，题诗咏赞五松山、铜官山，名扬天下。

北宋诗人郭祥正，于元祐五年（1090）夏，游览铜陵作《忆五松山》诗：“梁僧种松夺造物，至今千丈凌云间。”南宋王象之《舆地记胜》载：“五松山在铜陵县南，铜官山西南，山旧有松，一本五枝，苍鳞老干，黛色参天。”县志和文史记载，早于南朝梁时期，就建有寺院，僧人种松，山川神韵。历代官宦文人慕名赴游五松山并赋诗，尤其是李白寓居寺院登山赞美，恍作仙境般的描述。五松山林阴密茂，葱绿起伏，山风轻柔，泉水淙淙，洞壑幽暗，令人陶醉。明弘治二年（1489），杨泰任铜陵教谕，首次题列“铜陵八景”，后多属和者。“五松胜游”为八景之一。清顺治七年（1650），彭文炜举人，署铜陵教谕，游览五松山，见一棵五枝松树依然存在。后因兵乱和自然因素，千年古松于晚清损坏，令人痛惜。

五松山东边的山冈处，始建太白书堂。《一统志》载：“李白书堂，在五松山。李白来游，乐其山水之胜，建堂读书于地。”明清《铜陵县志》记载，唐至德年间，李白因留恋五松山风景之胜，在此建“太白书堂”。据铜陵《五松黄氏宗谱》记载，北宋诗人，书法家黄庭坚于元丰二年（1079）三月，自南昌泛游至铜陵，恰遇文学家苏轼自黄州抵常州，路过铜陵，二人有幸相会，赶往《桐谱》作者、林学家陈翥的从叔父陈陡私人公园。二人寓居城东门外临天井湖的陈公园数日，缅怀诗仙李白踪迹，漫游铜官山，登览五松山，垂钓天井湖，共咏诗词十余首并有唱和之作。黄庭坚吟《双墨竹》，诗留太白书堂。堂因年久失修倒塌，黄公诗故失。北宋政和年间，邑人在太白书堂遗址处，重建并易名“太白祠堂”，绘太白像于中祀之。北宋末期任兵部侍郎、尚书右丞李纲，于靖康二年（1127）四月，被召乘舟途经铜陵，江风浪大，泊而盘亘三日，游览五松山，观太白祠堂，见有李白像而感发，咏诗多首。到南宋因抗金，兵乱失修而旧屋断毁。元定国初至元年间，铜陵知县方浚于旧址重修太白祠堂，绘有李白像。元末又遭遇战乱损毁。明弘治三年（1490），铜陵县贤士袁思琼捐资再建，并有遗像。明万历四十七年（1619），董应扬任铜陵教谕，游历五松山，见太白祠堂。清顺治七年（1650），铜陵教谕彭文炜，观太白祠堂凌乱不堪。乾隆年间早期，祠堂为旧迹依稀可见，后渐变圮之。中华人民共和国成立后，在天井湖公园内原五松山域修建“五松胜游”景区，设置李白全身塑像，建造五松亭、爱乐轩及太白书堂，种植松柏、山花等，环境优美，供游人观赏和追思李白文化。

五松山西麓原湖田处，有“铁船遗迹”，列为古“铜陵八景”之一，明代嘉靖《铜陵县志》记载：“铁船，在县南五里，相传官山（今为铜官山）神乘铁船至五松山左，见人遂匿于水，止露船头尾，相去百余步，浮水土面，真若生铁。曾有修铜官山庙（即铜官山原保胜侯庙）者于上凿铁为钉，入炉果熔，今其迹见存。”

清《铜陵县志》记载：“铁船，在五松山前湖田之下，首尾舡行，如积铁。旧传晋浔阳太守张宽殁为神，一夕乘铁船至，为人所见，乃以船溺而露首尾焉。后土人立神庙，取铁入冶熔，逐真以为铁船云。”明著名教育家、哲学家王守仁，正德年间，历任庐陵知县，右佥都御史、巡抚等职。正德十四年（1519），镇平“宸濠之变”后，乘舟江下，途经铜陵泊岸，游览五松山，诗志铁船为先，属和者甚多。明清十余名文人，观赏赋诗船韵。1932年，铜陵县县长张武，游视铁船遗迹，发现呈黑色巨石二方，呈长方形，高约4尺，俱似铁矿石。1972年起，开辟天井湖公园时，惜未注意保存，遂致被毁无踪。

五松山北麓，古有一大自然湖泊，位于今铜陵市区长江西路北侧，铜陵县城东南。古时湖水清澈见底，波平如镜，俗称天镜湖。水源主要来自铜官山、天鹅抱蛋山、龙山、大青山等诸多山峦的溪涧，千百年来，汇合水系旧河，水道由东向西约十里流下，到五松山南麓，转向北流入大湖。抗战时期日寇为掠夺铜铁资源，沿旧河（今俗称黑沙河）北侧，先修公路，后改小铁路，故水入湖堵截。大湖西北处通连县城南的玉带河（常有渔舟商帆）流入长江。湖中有一口“上通天、下通海”井，名曰“天井”，湖又因井得名“天井湖”。今以湖命名为“天井湖公园”。天井为皖南一大奇观，因地下涌泉，终年高出环绕四周的湖面2米左右。昔日有美丽动人的两个传说。一个是民间传说：很久以前，一位仙界窃贼到铜官山盗窃镇山之宝，船行至天镜湖，被守山老神发现，遂唤鸡鸣，一时四野雄鸡纷纷引吭啼叫，贼情急逃避，一篙撑穿湖底，成为天井。另一个为神话传说：东海龙王小女，一日偷偷出游，避开江南，取道天井，到湖面畅游，见一憨厚打鱼郎，顿起爱心，遂变成美丽的海螺，被打鱼郎网住。他也不忍将其卖掉买米用来奉养盲母，便放养水缸。自此家中出现奇事，桶里不缺米，灶间有柴烧，小伙子早出晚归，总是锅里有热饭，桌上有热菜。一日，打鱼郎临近中午突然归来，见一位年轻貌美女子操持家务，谜底从此揭开。正当一对有情人恩爱之时，龙王派遣恶龙寻找小女，得见真情，遂用暴力胁迫其返回龙宫。龙女不从，拼力争斗，恶龙仗势行凶，想吸干湖水，旱死禾苗，擒住龙女。龙女送变一巨大海螺，从天井倒吸海水，决心“不作仙界金玉叶，誓保人间活命泉”，于是力竭身亡，化作一座松柏常青的螺蛳山。

如今，自天井湖公园创建，精心制定规划并逐年开拓实施，利用丰富的优越环境和人文景观，以堤山自然分割为东湖、南湖和北湖，三湖水面通连。先后在环湖的七座各具特色的山岳地域，建成九曲桥、溢沁园及长廊水榭、游船码头、儿童乐园、山谷碑林、牡丹园、茶室及桥、亭、假山等30多处的游憩场所和名胜景点。后又在湖西北滨建有观湖、临湖两个优美广场，在湖东滨建铜文化园，三个广场实施各具特色的装扮和灯饰。最负盛名的是在早期环绕涌泉在南湖建造成的天井周围，垒石筑土建中洲岛，并建有“通天阁”。该阁高12.5米，楼为三层，底层平台中心为“天井”，引井泉，经龙嘴流入小池，再滴落湖中，以示水位落差。当今，公园可谓名山和胜水竞秀，新景和古迹争辉，列为国家4A景区，游人观赏其诗情画意，无不陶醉。

（2008年7月）

五松亭

前世今生黑沙河

黑沙河是铜陵市最早期的明渠，顺地势从东向西，流经市区，弯曲注入长江，全长8千米。改革开放后，政府为改善城市面貌，整治环境污染，则改造上中游河道，砌筑片石，铺设盖板为暗渠。随着时光的流逝，众多市民仍记忆犹新。黑沙河是特殊时代变迁脉络的地标，是城建发展的历程印记，蕴含太深的社会意义，彰显了铜陵富有的历史内涵和现代气质。

一、黑沙河历史渊源

明万历十五年（1587）和清乾隆二十二年（1757）《铜陵县志》记载："儒学前旧河，汇铜官山诸溪水，径注江口之南入江。"并附县疆域图，绘有河道标识。千百年来，铜官山、长头山、天鹅抱蛋山合为两大山谷（后为铜官山矿区），天鹅抱蛋山、龙山、青山、仪凤岭等形成一山谷（后为东村水库）。山溪和雨水顺山谷流到天鹅抱蛋山西麓（后为东村变电所）汇集，途经笔架山北、青石山和螺蛳山南之间的长条山谷地带，自然形成河，古称旧河。水多河涨，水少成溪，到杨家山东北麓河道渐宽。长江若遇大水，形成倒流浮溢下中游。史料记述，南宋隆兴二年（1164）至1990年，八百多年间，发生大小洪涝一百多次。如1954年长江大水，人们能乘船到今市医院，原山冈下成为“码头”。

黑沙河即古称旧河下游，今天井湖与鱼花塘之间地域，相传北宋前为广阔的湖泽区。千百年来，铜官山系溪水顺地势由东向西流入长江，主要有旧河和惠溪（今宝山水渠），两大河水携带泥沙流进湖泽区，历久沉积形成沼泽。南宋和明初，相继围垦，于堆集高处修整为堤坝，后形成鲁家圩和齐山圩（明《铜陵县志》记载）。旧河流于天井湖和南玉带河入长江。旧河水量大，急流冲击沼泽，无形中自若河道。沼泽区泥沙堆积北边较高，河道自然向南迁移。抗战时期，日本侵略者于1940年在铜官山开矿，后建自扫把沟起，向北经过泽区利用河堤修建铁路，转弯向东沿山丘下，至铜官山矿区。铁路阻止旧河水入天井湖，河道又向南渐进。

1949年年底，中央决定铜官山铜矿列为国家重点恢复建设工程。1950年6月矿山工程修建，7月选矿工程动工。1952年6月采矿投产，国庆选厂投产。为适应铜矿采选生产而出现的废水、尾沙的排放需要，国家因地制宜地利用古河道排泄。1952年1月，铜官山铜矿工程处（9月成立铜官山矿务局），组建许国祥（转业干部）任队长的一百余人挖河队，实行三班制作业，从选厂和62米的平窿处开始进行河沟开挖。一年半时间，一期为上游到联盟路（今义安南路），扩宽加深，河床见有卵石。二期开挖中游段，河床原旧河道变大，工程量相应较小，至红旗桥（今淮河中路）。

黑沙河水源，主要是铜官山系溪水和天然雨水顺山势流淌汇集，厂矿废水和居区生活污水等，其中铜官山铜矿排出井下带泥废水，选厂带沙废水，一般每小时5000立方米至7000立方米（1992年后实行处理利用），直接排入黑沙河。黑沙河形成市区排水总干渠。多年来，河床泥沙沉积，沿岸又随意倒入垃圾废物等，河道淤积日益严重，每遇暴雨，排水不畅，泛滥成灾。

二、黑沙河十二桥

20世纪50年代，黑沙河东西流向，上中游流通铜陵早期市区，下游流转沼泽芦苇滩地入长江。上中游北岸相邻并几乎平行市区主干道长江路，其路北于诸山南麓之间，主要设置居民村、学校、幼儿园等；河南岸主要安排社会有关单位及商业部门。为了便捷市区车辆运输、人群通行的需要，连接1954年、1956年（分段建）长江路和1953年建铜官路的南北相通，选择适当河段处，先后修建十二座桥，其中上游8座、中游2座、下游2座，主要架设钢筋混凝土单孔桥梁，宽3至5米不等，两侧安置钢材制作的栏杆。下面简述当年桥头及附近设施。

1. 东村桥。位于天鹅抱蛋山西麓。早年为木质桥，1953年秋改造重建永久桥。桥东上部三个山谷溪水、矿区排水汇集经桥下西流。桥南通往1952年投产的铜官山矿区等。桥北连接长江路东端，通往青山路、仪凤路，其路两边于1951年起建解放东村、新村、百货商店及农贸市场。1953年建变电所，1955年建小学等。

2. 电影院桥。桥南河岸侧近，1951年11月建成草木结构工人戏院，1953年9月火灾而毁。1954年1月重建工人电影院，其后为体育场。1956年电影院对面，建工人俱乐部（含礼堂、阅览室等）、篮球场等。桥北通往1952年建的解放新村，连接东西向的解放路、1955年开办的铜官山幼儿园等。

3. 互助桥。笔架山中部北麓与铜官路之间，1952年建互助新村、矿务局、友好招待所，其后门起沿下坡自南向北兴建互助路，通过铜官路到黑沙河筑桥。北通连长江路、解放路、解放新村。桥南河岸西边地带，1950年年底开办邮电局，1951年设立人民银行营业所（后改办事处、支行）、建设银行办事处（后改支行）。1954年5月设立新华书店等。

4. 小街一桥。桥南通往1952年设立的铁路运输站台，兴建短道，其道两边置粮油库百货商场等。桥北通往螺蛳山南麓的建设新村、解放西村、解放路西端等。

5. 小街二桥。早先木桥，民国时期形成集市，中华人民共和国成立初期于一桥和三桥之间，兴建约二百米街道，成为市区早期街市的商业繁华之地，俗称小街。桥南十字街头周围，主要置有百货、食品、蔬菜、水产、糖烟酒、农贸市场。过铁路通往1952年建的红旗新村，1953年建矿山医院（今市人民医院），1954年创立工商联办事处、铜矿单身楼和食堂等。桥北相邻长江路北侧，螺蛳山南麓于1955年造建设新村，1956年设春风旅社等。

6. 小街三桥。桥南主要设有医药店、映江菜馆、煤球厂等。桥北通往建设新村，螺蛳山南麓于1956年设立武装部、合作理发社等。市区中部人群购物、看病等事务，必行三桥到小街市场、人民医院、铜官山矿区等。

7. 建设桥。铜官路至笔架山西北山麓转弯向南拐往西边，1955年建窑厂（砖瓦），后向北原大水沟低洼处，填土加高道路至黑沙河。1960年兴建从新庙煤矿到市区，经黑沙河筑桥与铜陵有色铁路专用线连接的铜新小铁路。由于路基填土高2米左右，再加上其他因素，1963年年底被拆除，次年重建桥梁，北连1958年修筑于螺蛳山西麓的建设路。桥南通连铜官路，两边有工人新村、长江东村、实验小学、煤球厂等。桥北相邻长江路为十字口，向北通往机修厂、商贸行业诸类仓库等。

8. 联盟桥。位于市区中心地段十字路口南侧，1956年修建联盟路（今义安南路），南始铜官路向北，经板栗山西麓（下坡），过黑沙河筑桥，与长江路相交，延伸连接1956年建的简易铜繁公路（1970年改建起名“东风路”，后改造更名为“义安北路”）。原简易桥随市政建设的发展，很快改造扩建为高规格的涵洞。原桥南有糖烟酒商店（今华乐市场）、土产商店（后建东风商厦）等，通往1956年至1957年建的联盟路小学、杨家山路、长江剧院、长江新（东）村。桥北相交长江路，通往汽车站、三角花园、文化馆、回民饭店、旅社等。桥西沿河北岸于1950年建长江饭店，隔长江路对面三八（百货）门市部、经委楼（三层）等。桥东河南岸与建设桥之间地段，设置黑沙河市场，有日用杂品、饮食、蔬菜等门店。

9. 粮站桥（中游）。位于今步行街中段十字路口。1956年11月成立粮食局，在黑沙河南岸与铁路之间，建粮油库及加工厂并设销售站。西邻1958年8月设置的木器社（后改厂）、供销社等。桥北经长江路，通往人民新村、人民电影院、有色运输部、采矿总厂等。

10. 红旗桥。1956年开辟杨家山地区市政建设，1957年建爱国路、杨家山路、矿务局和印刷厂、幼儿园、招待所、居民村等。1959年兴建南自杨家山幼儿园，向北穿杨家山路，偏西转弯（下坡）经杨家山北部山头西麓，在低洼芦苇地黑沙河上筑桥，北延与长江路相交，简易道路称红旗路。依路称桥名（今铜陵商城前）。桥北原为芦苇滩地，后成尾矿库，利用广阔境域资源并采取举措，于红旗路北段两边先后兴建体育场、人民市场、商贸行业等设施。1984年改造扩宽，成为市中心区域南北方向的一条主干道，随即将简易原桥改建成高标准的永久性涵洞。

11. 胜利桥（下游）。1970年建钢铁厂，后门北相邻黑沙河。1973年修建向南连接金山西路的简易道，后又修建北接铜芜公路（今义安北路）的胜利路。1971年因铁路相交长江西路，俗称天桥，后进行原路整修，改名天桥路，今更名铜官大道，是铜陵市西部南北运输干道。1976年黑沙河路段，修建钢筋混凝土双曲拱桥，单孔净跨13米，宽13.3米，全长20.4米，为永久性桥梁。随着运输量增加，后路拓宽，桥亦整修加宽。

12. 老桥。位于今新民污水处理厂东北处。明清《铜陵县志》记述，汇铜官山诸溪流经城南三里许后入江，称“旧河”（有称“旧水”）。明有“拱洞石梁”，称“旧河桥”。岁月倾圮，清雍正十年（1732），邑人俞士杰兄弟重修石拱桥，更名世济桥。抗战时期，1942年日军侵华掠夺铜官山矿产，夏季兴建铁路，自扫把沟利用老圩埂，向北经老龙墩（今新民村北），转弯向东直到铜官山矿区，中途利用世济桥遗址，重新修筑钢筋混凝土宽四米左右桥梁，俗称老桥。1950年恢复建设铜官山矿，对原铁路进行整修通车。因靠江边常遇大水受淹等因素，1956年改线迁移，原铁路拆除，扒平拓宽形成道路。后又将其扩建为长江西路，与沿江路相接，桥也随即修筑。

历史造化铜陵市区黑沙河，形成东西排水主干渠，为方便南北运输通行，先后修筑桥梁，成为工矿城市特有的工程。这些已经成为市政建设发展的标志，蕴含人与桥的真挚感情，流传颇多感人故事。当今，虽然黑沙河上中游的河道与十座桥经改造消失，但它们仍然给人留下深刻的美好印象，让人久久不能忘怀。

三、黑沙河变换新颜

20世纪70年代，随着经济社会的发展、城市建设和美化市容的需要，为整治环境污染、改善黑沙河排水条件，铜陵市政府特制定治理改造上中游3620米工程并逐步实施，共挖填土方10万立方米，砌片石2500立方米，取得明显的社会效益。

黑沙河上游从东村桥到联盟路桥（今义安南路）1500米，于1976年进行整治改造，清理河道（宽2.2米至2.5米，深2米），两边砌筑片石，上铺钢筋混凝土平行盖板，原七座桥梁也不存在，成为暗渠。随着城市建设的迅速发展，黑沙河两岸相继建造商业楼房和住宅楼群。主要新建东村和小街菜市场、黑天鹅大厦（10层）、陵江饭店（6层）、红楼（酒店）（15层）、劳动保障大厦和交通银行（13层）、工商银行（17层）、东方商场（8层）等。昔日低矮房屋和简陋市场已被林立的高楼大厦所取代，提升了城市品位，展示了铜都风采。

黑沙河中游从义安路桥经红旗路桥（今淮河路）到胜利桥，长2120米，于1983年至1985年，分两段进行整治改造工程。上段为义安路桥至淮河路桥，长970米，采用片石砌筑，宽3.5米至4米，深2.5米至3.3米，钢筋混凝土平板封面。每隔25米，设置窨井一座，安装1米宽的槽型盖板，用于清理沉沙。河面盖板上加厚5厘米混凝土为路面，“人在上面走，水在下面流”。1984年开辟安徽省最早的商业步行街。两边设人行道，置有众多个体经营商店。原黑沙河边于1958年建长江饭店，当时只有2层，1972年改建为4层，2005年重建并更名为金长江大厦，共17层。桥西头于1987年拆平房建华乐商场6层，后建长江商场。原市粮食库站址重建世纪商城明珠大厦（22层），向西建铜陵商场楼群，其中两栋20层等。当今步行街，人群如涌，成为铜陵最繁华的商业地带。

黑沙河中游下段，为淮河路桥至胜利桥，长1150米，采用片石砌筑，河道为双孔，每孔宽和深均为3米至4米，铺盖钢筋混凝土平板，每隔50米设置窨井一座，用于清理沉沙。此段名为沙河路。两边建住宅楼群（3层至5层，靠淮河路边于河上面，建综合性商业楼。

随着城市建设的发展，结合城市排水系统，实施治理废水污水工程，在黑沙河下游，因地制宜选址，建立新民污水处理厂，设置沉淀池、滤水池及管网等系统。施工两年后于2003年7月一期工程投产，日处理废水能力10万吨。2010年进行二期工程，扩建日处理废水能力为20万吨。污水处理及再生利用与城市发展相适应，有助于建设人与自然和谐共生的生态铜都。

昔日黑沙河流淌市区，凝结一页历史，感知难忘情境。当今河岸区林立楼群，映射一个时代，展示铜都魅力。

（2013年3月）

乡愁铜都街心公园

节假日或闲时，带上家人或约三五好友，选择不出远门的旅行，钟爱徒步前往铜陵市区长江西路南邻的铜都街心公园（又称绿化带）。这是一片美丽而独具特色的千米长廊，是一个让市内外人群打开心扉的地方，呈现人气旺、空气清、风气正的良好低碳环境，在吸引人的同时更留住人，自然成为游人尤其市民的首选之地。

漫步园内干净弯曲的平坦道路，微风习习，闻到花木的清香，看到多彩的雕塑，让人心情开阔，寻找乐趣。选好最佳的景点，把握最好的时刻，和最美的自己或家人或朋友，与自然无间距地亲密接触，一同收入镜头，留下瞬间的时光印记，日后回味无穷，记忆犹新。

一、公园建设一览

中华人民共和国成立初期，五湖四海人群，涌入铜官山矿区参加工作。如今离退休老人，经常讲述铜陵发展建设事迹。1956年7月动工，拆除中华人民共和国成立前的窄轨小铁路，进行线路改建，移路于自铜官山矿，沿笔架山和杨家山北麓，经余家村到扫把沟江边。又经过几次改造扩建，增建人行天桥，该路已成为目前市区最繁华的街道之一。为和长江路相得益彰，先后因地制宜地修建两个闻名的街心公园。

1956年11月，铜（繁）芜公路通车，选在长江路与联盟路（今义安路）相交十字口东北处，修建汽车站（后改建为市科技局、文化局）。1957年在汽车站东南边，市一中大门西边，利用荒地，修建似三角形的街心公园，俗称“三角公园”，占地3000多平方米。沿街两路边围有铁栅栏。三个角各设一门。园内广植松、柏、樟、杜鹃、桃、桂等花木。进两路交会的大门，有一直径6米的水池，池中设置喷泉，还放养金鱼。池后设有直径12米的溜（旱）冰场。园内两边筑弯曲小径，并置石桌、石凳、长椅等。这是昔日市区最早的一座公园，小而雅，常吸引市民游憩。1971年，园地改建为第一百货商场。街心三角公园虽然消失了，但仍给昔日游人留下许多美好的记忆。

1976年，长江西路南边老水沟进行改造。从前沟南边是一片广阔的芦苇滩，1967—1990年列为尾矿库。滩北边埂下东西向，是一低洼带，形成自然水沟。昔日荒芜脏臭乱的污水沟，一旦遇暴雨内涝就会影响长江路通行。根治方法是将暴露在地面的污水沟砌成地下排水道，上面盖板，周围更换土壤，并相继栽植近千棵一百多个品种的常青树木及四季花卉。后又经几次长江西路的改造扩建，相继形成各有风格特色的小园。在适宜地点建有多个圆形或五角形造型的优雅的亭子以及廊道小工程，还配有圆桌、石凳、长凳等。匠人心思玲珑，利用地势，借景掩映。公园位于市区，北边与长江西路平行，东自体育馆经铁路天桥，到天井湖宾馆大门对面，总长近千米。南边相邻公园平行延伸的原尾矿库，后来相继建造铜都广场、体育馆、学校、商居高楼等。

四十多年来，铜都街心公园，展示在闹市中心，在全省皆为少有，其文化内涵丰富，赏心悦目，让人体验休闲活动功能，让人留住乡愁铜陵情意。

二、四季花木美景

铜都街心公园的花卉草木，繁茂苍翠，晶莹欲滴；花丛鲜艳，清香阵阵。广大市民及外地游客接踵而来，步行于曲折平坦小径，浏览观望，品鉴景观，静心养气，开阔视野，提高身体素质，令人心旷神怡，流连忘返。

春阳一照，泥土的自然滋润，万物复苏的春意步伐势不可挡，春天在哪里？市民笑称，春天在那市区里，外地太远，不必去了，就近到长江路南侧的街心花园。踏着春光，品味自然，聆听春的声音，感受春暖花开季节，感怀四季美妙时光。

报春使者的柳条，吐露萌芽，在风里自由招摇，婀娜多姿。她是第一个让人看到了春的颜色，闻到了春的气息，享受到了春的情意。

伫立一片的桃花，尤其樱花天地，吐蕊绽放，花瓣层层堆叠，深深吸引人们眼球，见证了真情来临人间，感悟独特情趣。

国色天香的牡丹，列为市花之一。得天独厚的自然地理条件，千年造化“凤丹”，海内外盛名，游人远去凤凰山观赏牡丹，近到公园赏牡丹，禀性特异，鲜妍风姿。花成复或单瓣，绽满枝头，争芳吐彩。花色呈红、白、黄、紫等，“天下真花独牡丹”（欧阳修），飘逸娇艳，香气袭人，驻足流连。

花中西施的映山红（又称杜鹃），列为市花之一。东段南侧长条斜坡上，绚丽的映山红，茂盛的八角金盘，相映成趣，令人点赞。迎着春天的到来，紫红色花朵满枝繁茂，把人们带到精神焕发、生动活泼的境界。

异常朴素的油菜花，盛开金灿灿花朵，色泽鲜丽，质地脆嫩，让人感受到土壤的自然气息。变换香油，受人喜爱，清炒菜肴，鲜美味甘，爽口好吃。

五月红火的石榴，树身叶腋或枝顶，成形数朵石榴红花。秋结果皮革质的特殊浆果，红花和挂果均期长，石榴多汁而甜美，十分引人喜爱。

刚强廉洁的莲花（也叫荷花，芙蓉），半圆形水池里，栽培宿根水生莲，挺拔的叶梗支顶着圆盘状的大叶，衬托着艳丽清香淡红色花朵。世人赞许其于污泥而不染的美德。

金秋飘香的桂花，四季叶绿而有光泽，聚伞花序腋生，花黄清香绝尘，浓郁远溢，沁人心脾。观花闻香，最能勾起人们乡愁之情，思念故乡的山水风光。

蓓锁春寒的梅花，冬来春初傲霜雪，花单生叶腋，常见金黄色，浓香四溢，是百花中珍品，其倔强坚韧，百折不挠，象征着民族性格。古往今来，世人咏诗作画，赏赞梅花，寄情抒怀。

清秀飘扬的樟树，常绿乔木，叶子椭圆，花白略带绿色。独有的香气防蚊虫，枝叶可制樟脑，深受市民喜爱。

每到夜晚，园内灯光照明富有灵气，各种花木合理搭配，应有尽有，随着季节变化而换装，五彩斑斓，展示动人画卷，若隐若现仙境，给人心旷神怡、乐不思归的感觉。

千米街心公园，是一个品种繁多的植物世界，欣欣向荣，可谓“颜”值爆表。它把人们带到精神焕发、生动活泼、文明向上的美梦境界。

三、公园历史文化

铜都街心公园西段，在安徽工业职业技术学院大门外，设立一方铜镜（复制品），名为神兽镜，园钮宽缘，主纹为浅浮雕羽人戏虎图，外饰栉齿纹一周，镜缘为云气纹。图案生动，线条流畅，是东汉时期的典型代表。

据考古和文献记述，今铜陵市东南郊铜官山地区，早于商周时期，初兴铜采冶铸活动。西汉元封二年（前109），设全国唯一机构“铜官”，主管监控铜业事宜，选择相连山系最高峰，邑人称名铜官山，从此山名传扬至今。说明汉代铜官山地区铜矿冶，具有一定的生产规模。

三国吴晋南朝隋时期，铜官山下仍置有铜采冶场所，达到新的水平。唐代设铜官冶，发展到鼎盛阶段，在全国占有很重要的地位。考古发现，铜官山下尚存汉唐炼铜渣块遗址，地域广，数量多。中外学者惊叹，太珍贵，太难得，中国之最。这些东西年代久远，规模最大，是铜陵成为中国古铜都的有力见证。

公园东段设置竖立椭圆形花岗岩石刻，李白绝句：“我爱铜官乐，千年未拟还。要须回舞袖，拂尽五松山。”方志记述，唐代诗人李白晚年，寓居五松山龙堂精舍，游览铜官山，先后赋诗十余首，生动描绘铜采冶壮观场景，诗句有“铜井炎炉歊九天”“铜官几万人”等。

东段又设置椭圆石刻，上有苏东坡诗句“莫言垒石小风景，卷帘看尽铜官山”。文献记述北宋文学家苏轼，于元丰七年（1084）六月，舟行江下，途经铜陵上岸，寓居县治东郊名士陈陟家园，游览五松山、铜官山，抒怀咏诗六首，诗句有“落帆重到古铜官”“看取青铜两处磨”等。

公园东端，在1992年10月，举办首届中国（铜陵）青铜文化博览会时，安设创意新颖的铜雕《铜陵之音》，以铜字的甲骨文、金文和篆书的结构为基形，采用三个大小不等的铜铃和铜管，铜壁相辅而成。因“铃”于“陵”谐音而故名。铜雕彰显三千年来，铜陵矿冶由小到大的发展历史，给人感受到古铜都的悠久和灿烂的铜文化，铃声响彻云霄，预示铜陵继往开来，梦想美好未来。

四、感悟时祥美好

多年来，铜陵人不懈努力，陆续创作极具独特风格的雕塑，结合城市建设布局多处，特别是在街心公园，选择适宜地点，安放大小不等的各类别致的石雕（多为花岗岩），让人增长文化知识，提升文明素质。

公园东段，设置《日月星辰》，交错对峙黑白半球，象征日月。以铺砌的卵石地坪和大小石球，喻指银河繁星。“如月之恒，如日之升。”（《诗经》）又设置《江山》，以三座大小、色彩、方位不一、处理各异的鞍形，使人感觉山峦层叠、江川环绕的联想。“江山代有人才出，各领风骚数百年。”（赵翼）两座石雕组合为天地，瑞气日月尽得辉，千古江山今朝新。“天地有正气，杂然赋流形。”（文天祥）还设置《博》，虽为人凿，宛如天成的两块巨石对峙而立，似牛、如虎，喻示力量之搏斗，胜负之搏击，振作精神，奋力向前冲击。

公园西段，雕饰一座《母子鹿》，形似母鹿亲吻小鹿。又一座《母与子》，形似母亲拥抱小孩。两座雕塑均表达母子情感深厚，歌颂伟大母爱。近邻雕饰《爱之墙》，暗红色墙壁右上方镶嵌两颗相连心印，墙中心的园内边，逼真的男女相顾爱恋，天人合一，天长地久。联系到东段一座雕塑《盼》，以铸铜制成的花季少女，静谧坐在长椅上思念亲人的厚爱，期盼心爱人的到来，给人以美的形象启迪，深受广大人民的喜爱，常被游人相中合影留念。

铜都街心公园，多年来数次进行梳理和整治，适应季相变化，呈现地域特色。造型花木和地被植物，设置生动别致的雕塑，树立铜陵的传统文化，提升山水生态游憩功能，为市民增添不一样的文化气息，激发想象力和创造力，去感受自然美、生活美和心灵美。在家门口就能学到文学、历史、地理、科技等多种知识，鼓舞力量，促进文明，幸福铜陵。

乡愁是一座城市的文化根脉，精神传承。乡愁是热爱铜陵这片热土的人群，对乡土最深沉的眷恋。有了乡愁，城市才更有个性，居民才更有尊严，生活也将更加幸福。让乡愁绵远流长，是城镇化发展最完美的路径。把城市放在自然中，把青山绿水留给市民。让人记住乡愁的铜陵，尊重历史，尊重文化，尊重自然，未来更加令人神往，梦想事成。

（2015 年 5 月）

古今地脉——井湖路

古称横塘埂路、五松山路、横塘路，今名井湖路，位于天井湖宾馆门前至原铜陵县城东门的路段，介于天井湖公园的西湖和对面南湖之间，依托天井湖胜水奇丽，全长1444米，南北走向，是便捷市区和原县城的主要交通干道。千百年来，它是一条自然风光和人文景观相融合的历史悠久的地脉，凝结着古往今来的真挚情感，彰显了铜陵富有的文化内涵和现代气质。

清乾隆二十二年（1757）《铜陵县志》记载："横塘埂路，在东门外横塘桥之南，袁滋砌石，郎奎正维修。""东门大桥，旧名横塘桥，通五松山路，袁思琼造，袁滋重建，袁应旸修，今众修。"明万历十五年（1587）《铜陵县志》和有关史籍记载，明万历三年（1575），邑人张廷柏，贡生，授任静宁州判，以文望卓拔，转审理正，嗣升浪穹知县，致任归乡家居二十年，以诗酒自娱终。张回乡后，撰《重修横塘桥路记》。记文载："县治郭门之东不百步许，有湖曰天井。湖之埂横截二里，连接通道，官客过临，民物来往，徒行负荷，悉经此湖。""出邑之东门……（迤南），纵五里许，横仅尺有咫，而狭夹堤堤皆水，性尤善崩，急湍中决界为湮堑，行者往往受困。”

有关史料记述，古昔横塘水面广阔而浅，底层凹凸不平，长久流入泥沙沉积，局部地段自然堆积形成长条地带，出露水面为埂子，贯穿南北走向，南端临近五松山，北端临近铜官镇（后为县治所）。宋明邑人多年数次于埂屡损屡修，整治为圩埂，“绵亘数里，植柳千株”，确认便道行人，依顺塘名，起名横塘埂路。

诗人李白先后两次游历五松山，咏诗十余首，赞许绮丽，故五松山名望远扬。历代颇多外地和本邑人士和民众，自铜官镇东门，过横塘桥，行走横塘埂路，前往五松山游览，还可赴铜官山矿区、大通镇等地。

袁思琼先祖自天祥公登宋进士，为岳飞参赞机务，后以冤岳武穆事，遂隐于原铜陵县叶山村，其子寿庆复迁居县城东，与父同有乐善好施之誉。传于明代思琼，克继家声，好施尚义，有“本邑良民之巨臂者”之誉。明成化十九年（1483），思琼奉县令之命，率子袁泰于县城东门外，将横塘埂路一座因年深日久损坏的木桥改建成石拱桥，并置闸，可泄可蓄。石桥建成后，南通五松山的堤埂土窄路，长久遭受江水淹没或冲击。明万历三十六年（1608），江水上涨，路受冲决损坏难行。次年，思琼之孙袁滋，继祖志，捐资将原土路改建用石筑路。邑人郎奎正太学生，意仁仗义，有长者之风。天启年初，捐资整修横塘埂路，以便行旅。清康熙三十年（1691），袁氏后裔袁燧，克承先志，整修损坏的路面，俗称横塘路。后来，常受大水淹冲，石土流失，路幅缩小，形成便道小路。

横塘路南端，临近五松山。唐天宝十三年（754）秋，诗人李白游览题诗多首并命山名，后建太白书堂，声名远扬。明列铜陵八景之一的“五松胜游”，历代名人慕名游览并咏诗词。史料记述，路南端5000米外的铜官山地区，自商周时期，就进行铜矿开采冶炼。西汉元封二年（前111）设“铜官”，故为山名。此后历代朝廷，设置机构，主管矿冶事宜。考古发掘铜官山北有十多处采矿遗址和冶炼遗迹，有颇多的文物等，佐证铜官山矿冶历史三千多年，其中汉唐北宋生产规模宏大，列为全国领先地位。铜官山区产铜经横塘路运往鹊岸口外运，人员往来频繁。

横塘路北端，临近东汉明帝永平年设置铜官镇，五代南唐保大九年（951），改义安县为铜陵县，治所由顺安镇移于铜官镇。史料记载，古镇临江北边十里长山的鹊头山，春秋发生吴楚“鹊之战”，后设“城洑镇”。六朝为重镇，南朝梁置“鹊头戍”。唐咸通五年（864），设置“鹊头镇”。历来连接大江水陆交通，成为经济、军事的著名鹊岸港口，承担铜制品、社会物资的内外转运，汉唐北宋港口繁忙。历代人员往来由此港口行旅，为江南社会经济的发展起着积极作用。千百年来，横塘路见证南北要地人员往来，成为便捷所行之交通干道。

沧海桑田，星移物换。1949年4月21日，铜陵县城解放，人民解放军部分官兵，行进横塘路到五松村、杨家村、铜官山等地。中华人民共和国前，横塘路宽1米左右，两边芦苇丛生。1950年至1952年，铜官山铜矿恢复建设开采，部分职工在县城关租住，到铜矿上班来回十几里必经此路，若遇雨雪土路难行。每当矿山老人回忆起往事，感悟良多。

随着社会经济的发展，1963年，横塘路改造扩建，路拓宽4～6米。下铺20厘米厚块石为基础，上铺10厘米的泥结碎石为路面，并抬高1米。1973年夏，路中一段被大水冲垮，交通一度中断。1974年，重新修筑改造，铺石路基和沥青路面。1976年又维修并铺设沥青，并名长江西路。

2004年规划环天井湖区域建设工程，湖西边的长江西路，列为主干路网之一，扩建加高1米水泥路，更名井湖路。建成双向6车道，其中间实施绿化带隔离，两边设置人行道，路灯亮丽，宽阔平坦。路东边的南段设置绿化带，北段临近天井湖公园西湖岸，实施600米平台走道，设置雅致栏杆，斜坡绿化带拱翠献青。路湖相映，恍若仙境，游憩陶醉。

古昔五松山路，凝结一页历史，感知难忘情境。今朝井湖路美，映射一个时代，彰显铜都活力。

（2011年6月）

铜草花

铜陵市区东南郊的铜官山地域，自古以来，广泛生长茂密的铜草，又叫铜锈草，学名海州香薷。属唇行科一年或多年生的草本植物，茎呈方形，叶子对生，多分枝，花序成穗状紫色，有灰白色的毛，偏向枝端一侧，通称铜草花，其形似牙刷草。

铜草花，具有吸附铜元素的能力，是一种喜铜的指示植物。铜草花蓬勃生长的地方，其地下就有丰富的铜矿，找到它就意味着找到了铜矿。在古代勘探技术不发达的时期，先人智慧寻找并依靠铜草花的指引，积极进行探采铜矿。长期的实践经验证明，铜草花为促进开发矿业起着重要的历史作用，至今仍可作为寻找铜矿的标志之一。

史料记述，铜官山地区的相连山冈，铜矿采冶历史悠久。自商周起，古人就掌握了利用铜草花进行找矿的经验。其中汉唐规模宏大，当今再铸辉煌。历代名人如唐李白、宋梅尧臣等，浏览矿冶生产壮观场景、赋诗咏赞。中华人民共和国成立初期，中央首列铜官山铜矿为国家重点恢复建设工程。六十多年来，众多矿区建设开发，先后在老庙基山、小铜官山、涝山等上部进行露天开采，在松树山、笔架山、罗家村、宝山等地，进行地下开采。由此，原来的地形地貌受损，造成铜草花的生长地域大为缩小。早期参加铜矿建设创业的员工，谈起喜欢铜草花，仍记忆犹新。常言："铜草花，开紫花，哪里有铜，哪里就有它。"现时在以笔架山为主的多处地方，仍然见到铜草花。

铜草花显示了盛产铜矿的倩影，最具铜文化韵味，为铜而生长，与铜陵情有独钟。铜陵依铜矿发展，以产铜兴市，名誉中国古铜都。近来，在笔架山东南麓处铜官山森林公园，矗立"铜草花自然保护地"界碑。具有独特自然生长境地的铜草花，美丽葱郁盛开，这不但增添铜文化的一处特色景点，自然景观与悠久历史相得益彰，而且能让市内外游人了解和认识铜草花的高尚气节，获得必然的审美感受，彰显其历史价值和社会作用。

（2012 年 7 月）

铜陵石

铜陵境内平原、台地、丘陵和低山多为交错状分布，以剥蚀的低山和丘陵为主要地貌。在漫长的外部营力风化过程中，产生了形态各异的坡地地貌和洞沟槽等流水地貌。完整的石灰岩体四周及根部被溶蚀破坏切断，造化独立的大小形状怪异石体。角砾状灰岩由许多大小石灰岩碎块，又经含铁的钙质胶结物所胶结而成，由于铁质不同和数量多少不一，显露出众多颜色，如红、浅红、黄、褐、白、灰白等。中华人民共和国成立初期开发矿山，先后有二十多个露天和地下开采矿区。因建路、剥离、采矿等，开掘出很多大小不等的奇特石块和矿物晶体。铜陵境内水系为长江一段干流及其众多的支流分布成河网，江河湖中的卵石因日积月累，成分复杂，大小混掺在黏土、沙或沙土中，成为造型好、画面美的奇石。

铜陵山川矿岩种类繁多，产生了质地、色彩、光泽、音响特性殊异的各种奇石和矿物晶体，可谓巧夺天工，晶莹剔透，造型各异，富有高雅的艺术神韵及文化内涵。铜陵石大致有三个类型：一是矿物晶体，如孔雀石、自然铜、黄铜矿、黄铁矿、辉钼矿、硫铁矿等；二是集藏自然天成，形态逼真，纹理清晰，栩栩如生的山石；三是长江、河湖之处，坚硬光滑，千姿百态，精细巧妙，绚丽多彩的卵石。觅石、藏石、赏石，贵在自然，天赋丽质醉人，无限遐想意韵，敬畏神奇造化，颂扬锦绣山河，激发爱国情怀。

数十年来，铜陵涌现出一批充盈浓郁文化意趣的赏石爱好者，认真学习地质、艺术等知识，常年不辞辛苦，涉溪越岭，奔赴山地、河道、矿区等处，勤奋采集佳石，认真整理保养，辅以衬具陈列、画龙点睛的题名。喜爱奇石深厚，情有独钟，源自崇尚自然美的认识，激起了一种对人生的眷恋与执着，反映现实与审美的统一，真谓觅石年久，爱石如痴，赏石志趣，藏石丰富，以石会友，论石精湛。奇石有灵，奇石有神，凝聚着中华民族独特的气质精神。

铜陵奇石收藏者逐渐增多，在近百人中有多数藏史超二三十年，藏石几百到千。近几年已兴起热潮，市区建有奇石展销市场，设置铺店十多家及零散摊位，形成富有活力的产业群。有自行创建家庭奇石馆（阁）十多个，并摄照片及文字编制成册，还制光盘。有十多人认真研究鉴赏，于国家级及省市县报刊发表四十多篇，地方志年鉴书载有6人。

铜陵派员参加全国六届赏石展中的四届活动，有九人次荣获二等奖5个，三等奖11个；还曾多次赴上海、广州、济南、南京、合肥等地，参加国家级和省级赏石展览，有八人次荣获金奖7个，银奖3个，铜奖9个。这些活动充分彰显了铜陵奇石风采，为扩大铜都知名度，起着积极作用。

（2006年3月）

别具一格铜镜缘

——赏识吴汝瑞《铜都藏镜选》

中国收藏家协会会员、中国文物学会会员、全国著名铜镜收藏家吴汝瑞先生，在书香门第的家庭熏陶下，于1955年初，从邻居铜匠家的旧铜器中，发现铜镜上花纹别致，感悟新奇玩乐，产生浓厚的兴趣，结下了不解之缘，逐步走上了漫长而艰险的集藏铜镜之路。早年在淮北从事煤田地质勘查工作，处处留心。后来调到铜陵工作至今，五十多年仍孜孜以求，集镜如痴，曾多次奔往全国数十座城市，如北京、天津、西安、洛阳、徐州、上海、南京及我省合肥、安庆、黄山、芜湖等市县乡村，寻觅铜镜。

铜镜是用青铜铸造成的古人照面饰容的用具，正面光洁明亮，供人使用，背面铸有纹饰铭文，与当时的社会、经济和风俗有直接或间接的联系，在中国青铜器中独成体系。铜镜盛行于战国，发展于汉晋，广泛于唐宋，而衰于元明，清代被玻璃镜替代，退出历史舞台。贯穿上下四千多年历史，铜镜铸造精良，形态美观，图纹华丽，铭文丰富，确认为精美的工艺品，形成文物门类，是古代先人留给后人的宝贵文化遗产。

50多年来，吴汝瑞持之以恒，广泛收藏铜镜，使其日渐丰富并别具一格。目前家藏铜镜1800余面，琳琅满目，设立家庭“镜缘阁”博物馆，展示历代各种规格造型的精致铜镜，从商周、秦汉，经三国、晋、南北朝、隋唐、宋元到明清，还有韩国、日本等铜镜。颇多铜镜中：直径最大的有30厘米，最小的只有1.6厘米；最重的达2千克，最轻的仅1克。收藏有近百面银镜、铁镜、珐琅镜、陶镜、木镜等，以及相关的镜囊、镜座等，还有铜镜的古籍书画资料。其中数十面可谓海内外的孤品或珍稀品种，在全国铜镜收藏队伍中名列前茅。

吴汝瑞先生在一生收藏铜镜的同时，还认真学习鉴赏研究。购买专业书籍报刊，查阅资料，请教专家，对每面铜镜编写几十字到几百字的鉴定说明，自定目录成册。曾撰写数十篇铜镜学术文章，先后在《中国文物报》《收藏》等国家省市报刊发表。1999年1月，《铜陵日报》记者专题采访报道《镜缘》，表彰藏绩。2004年4月，吴汝瑞受邀赴苏州，参加全国第二届铜镜鉴赏理论研讨会，组委会安排专题发言，得到与会学者、专家高度评价，称为“民间藏镜第一”。吴汝瑞积极参与社会文化活动，1999年第六届中国铜陵青铜文化节，应邀拿出200面历代铜镜参加文物展；2001年第七届中国铜陵青铜文化节，拿出近百铜镜拓片制版参加展览。通过陈列展示交流，受到省外众多人士的钦佩和高度赞扬。

吴汝瑞先生经过半个多世纪的辛勤努力，铜镜收藏颇丰，得到铜陵市政协文史的关注重视，经一年的认真整理、摄像、编撰等事务，统筹挑选280面铜镜，出版著作《铜都藏镜选》。该书按时代编目，分设为春秋战国秦、汉三国魏晋南北朝、隋唐五代、宋、辽、金、元、明、清等。为展示古铜镜的原貌，采用彩色照片，每面均注名称、时代、尺寸、重量、形状、纹铭及特征等，图文并茂，简洁明了。书中除以铜镜为主外，还录选了少量银、铁、木镜等，以及相关配套的镜囊、镜座等。镜形除圆形外，还有多类几何形状。铜镜种类繁多，镜形较全，晶莹亮丽，每面铜镜铭文纹饰内容丰富，突出所处时代的烙印，所形成的铜镜文化涵盖了古人社会生活的所有领域，反映着中华民族悠久的文明史，为我们今天认识和研究当时的政治、经济、思想、文化、民俗等提供了可靠的资料。

原中国历史博物馆副馆长、中国文物交流中心主任、研究员孔祥星先生，亲自指导，审阅书稿并作序。他指出："汝瑞先生是我认识较早的铜镜收藏家之一，他为人谦和，好学善思，执着收藏，经过数十年辛勤努力，不仅使他的铜镜收藏颇丰，也让我们看到了他的铜镜研究成果。"孔老认为，著作独到之处，从时代上看，基本平衡，特别收录宋到晚清的数量略多于春秋战国秦至隋唐五代镜，让人较好地了解不同时期铜镜的特点，全面系统地介绍整个铜镜的发生、发展和消亡的社会历史，这是其他铜镜著录中很少见到的作品。此书还有一个鲜明的特点，就是介绍铜镜时，很好地引用了相关资料，反映地域和类型上的优势，展示出中国古代不同时代铜镜的历史价值、艺术价值和科学价值，

文献和考古记载，铜陵产铜久负盛名，铜的采冶铸始于商周，盛于唐宋，延至当今，矿冶历史三千多年，创造了具有地方特色的青铜文化，世称"中国古铜都"。铜陵地区传世古铜镜自汉至清，历代都有，以唐五代时期为最，在一定程度上反映了当时铸造技术和社会风尚。铜陵于1984年出土东汉《规矩镜》，1982年出土唐代《云龙纹葵花镜》《海兽葡萄镜》等，还有宋、元、明、清等铜镜。铜陵铜官

山，历史悠久的矿冶壮观场景和社会经济繁荣，招引历代名人注目，留下了很多不朽的传世佳作。唐代诗仙李白于天宝十三年（754）游览铜陵抒情“我爱铜官乐”等诗文十篇。北宋文学家苏轼于绍圣元年（1094），游览铜陵，抒写《题陈公园》诗：“卷帘看尽铜官山。”我国历代文人诗词歌赋等文学作品，记述有“铜镜”之句甚多，说明历史悠久的铜镜文化，已成为中华民族的文化遗产。当今，铜文化，也已成为城市文化的特色资源。

（2006年6月）

赞赏《四喜铜娃》

铜陵因铜得名，依铜兴盛。峥嵘岁月，不忘初心。长期建设发展，弘扬青铜文化，自我建构城市雕塑为载体的铜陵文化品牌，发挥了雕塑在城市公共空间艺术环境的优美作用，促进了铜文化和民众生活的融合，彰显了铜陵文明的特色。

铜陵市区的繁荣地段，义安南路与杨家山路的交叉处的一块三角带，于1989年规划筹建，拆除三十年居住的由水稻田始建的7栋平房，在原低洼处兴建“地下商场”，1992年开业。商场“屋顶”为填土后平坦宽旷地面，西段临杨家山主峰南麓坡地，利用地势环境，1993年，修建成为市民游乐场所，起名“皖江游园”。在主景区东端，临近两路内的圆形广场中心，安置一尊大型如青铜雕塑《四喜铜娃》。

铜陵相关部门，高瞻远瞩，1991年文物管理所就征集到本地一件宝物《四喜铜娃》，初探为明代永乐年间先人利用铜陵资源和传统手工技艺制作而成。铜铸造型主要由两个孩童的头和身躯连体，巧妙组合成四童戏耍，小巧玲珑，人见人爱。1992年，铜陵市有关部门委托中国美术院放大复制，高1.8米，长2.3米。1993年4月，雕塑安放在皖江游园东端广场。二十多年来，招引了国内外男女老幼一百多万人次观赏，交口称赞，流连忘返。

《四喜铜娃》，青铜文化的主题，铜质铸造锃亮，身躯准确生动，纹饰细腻精美；铜娃肌体丰满，喜眉笑眼，双耳硕重，富态雅嫩。两个两岁的男胖娃，四方脸列着笑嘴露虎牙，剃着桃子头，寄予宠爱的宝宝，压邪树正，聪慧上进。胸脯围着绘有传统文化的鱼形纹图形兜肚，护身保暖，驱邪安康，好运宏图。手和脚皆戴项圈饰物（金或银等制），显示身份象征，也期望娃命牢体安长大。两个孩娃，一人手握元宝，荣华富贵；一人手拿蒲扇，除开邪气。两个娃头四身相连，头脚相反，一俯一仰，顶天立地。从任何角度观赏，无论是上下左右，或立或卧，或背或对，相互奇巧，完整灵动，形似两个双喜娃在戏要，动态雅兴，融艺术性、文化性、科学性、趣味性为一体的特色，美化了市貌，提升了文明。

1994年第二届全国城市雕塑艺术展，铜陵选送的作品《四嬉铜娃》获优秀奖。2002年3月，根据前两届全国城市雕塑艺术展品，选评汇编全国城市雕塑图集（精华版），展示全国各地大中小40个城市56件雕塑（北京、上海各4件），安徽省只有两件铜陵雕塑，即《四嬉铜人》《起舞》，反映了铜陵青铜文化的历史价值。

《四喜铜娃》立意新颖，生动有趣。多种因素影响，一度有关报刊书册图片，曾经名称多种，如“四嬉铜娃”“四嬉铜人”“四喜铜人”“四喜娃娃”等，给人印象模糊，也带来麻烦，也引起社会关注。2016年8月，中共铜陵市委宣传部、铜陵市社科联、铜陵市建学办，共同编著《青铜之韵——铜陵铜文化读本》，书中《铜艺篇》认为“四喜铜娃”甚佳。2016年夏，《铜陵日报》刊登有关倡议列市吉祥物之事多文。有人提议“江豚”，不过其生活在长江中下游水域，武汉、九江、南京、镇江等，已建有省级八个自然保护区，且“水中国宝”江豚生存于长江中下游小城，如列为铜陵市吉祥物，也有欠妥之处。实践说明，“四喜铜娃”声望高雅，理该列为铜陵市吉祥物。

二十多年来，铜陵先后创办10多家铜工艺制品企业，产品中就有《四喜铜娃》仿制品，一般选取8至20厘米不等的多种雕塑，数万件涌现社会。获知，近十多年来，发现省内有安庆、池州等，省外有江苏、河南、江西、浙江、福建等，先后数十家仿制《四喜铜娃》，所产规格不等的《四喜铜娃》，销售国内外数千件。亲朋好友，以《四喜铜娃》礼物赠答，呈祥献瑞。多年来，中央及地方电视台，先后数次播映铜陵雕塑《四喜铜娃》。

感怀《四喜铜娃》，四子交至，双喜临门，好事成双。六百年春华秋实，四季吉祥如意，四方福禄寿喜。当今，《四喜铜娃》走进千家万户，远赴世界各地，极大地提升了铜陵名位，远扬天下。

（2016年11月）

铜陵市初期发展建设纪实（1950—1957年）

1949年4月21日，铜陵解放。1953年12月，铜官区人民政府成立，下辖五个街道办事处，受铜陵县领导，原铜官山办事处撤销。1956年8月8日，铜官山市筹备处成立，属省直辖，原铜官山区政府撤销。1956年10月12日，国务院批准，设立铜官山市，属省直辖，铜陵县划市行政。1958年6月21日，安徽省委提议，国务院批准，铜官山市更名为铜陵市。

峥嵘岁月，春华秋实。铜陵兴市，首要是铜陵有色金属公司由小到大，由弱到强，由简单生产方式步入现代工业先进水平行列，成为我国大型联合企业。忆当年，创业初期即国民经济恢复时期（1950—1952）和国家第一个五年计划时期（1953—1957）的八年，在中央和华东工业部的高度重视下，全国各地相关行业和大中专院校，一批批干部、军人、职工、学生技术人员，从四面八方先后来到铜官山矿区，发扬艰苦奋斗、自力更生的精神，克服重重困难，以惊人的毅力和速度，在一片废墟上建设起中华人民共和国成立后最早的铜工业基地。

八年创基立业，谱写了铜陵铜业采冶史新篇章，铜陵有色公司创业先进经验扬名全国。八年日就月将，彰显经典铜陵辉煌业绩，凝结一页历史，映射一个时代。八年弹指光阴，重温创业岁月，感知难忘情境，千秋万古长新。

一、创业初期建设成就辉煌

在国民经济恢复时期，国家把铜官山铜矿的建设列为全国重点铜矿开采工程。大江南北各地人员汇集，齐心协力，斗志昂扬，日夜拼搏。历史见证，两年时间，矿山出矿，选厂投产，冶炼产铜。艰难的步伐速度快，惊喜的创举效率高，丰硕的成果创奇迹。

在我国“一五”计划期间，铜官山矿务局，列为国家重点建设单位。敬爱的周恩来总理办公室有铜官山矿务局的建设进度计划图表。矿务局边生产边扩建，铜料、粗铜产量逐年大幅度增长，均超设计能力。五年共生产铜料2.67万吨、粗铜2.64万吨等。1957年，铜料、粗铜首次突破双一万，占当时全国产量的47.4%，成为国内第一个最大的产铜采选冶联合企业。

（一）建置沿革

1950年1月3日，第一次全国有色金属会议决定，恢复开采全国重点铜官山铜矿建设工程。1月31日至2月13日，华东军政委员会工业部（称华东工业部，部长汪道涵）委派袁慧灼（矿冶工业处副处长），带领叶衍元、沈崇震赴铜官山矿区了解当时采矿、选厂、小铁路、建筑及设备物资等情况。3月4日至3月16日，华东工业部派矿业处工程师刘广泌、熊柏龄、袁烨、黎懋才等4人，赴铜官山矿区进行设计性调查。4月15日，中央重工业部（代部长何长工）通知，同意“方案乙”。5月10日，华东军政委员会财政经济委员会，批准设立铜官山铜矿工程处，下设管理组（沈柏平负责，分设四小组）、技术组（熊柏龄负责，分设七小组）。5月13日至5月25日，黎懋才会同华东建筑工程公司工作人员赴铜官山矿区进行土木修建工程的设计性调查。5月19日，政务院（现国务院）财政经济委员会（主任陈云）通知，同意铜官山铜矿1950年建设计划投资预算。

1950年6月1日，华东工业部设立铜官山铜矿工程处工作队。领队刘广泌、王延珍、金萱成、黎懋才、王汉崇、俞福根、沈伯平、孙家馥、严邦宗等12人离上海，经南京、芜湖，于6月5日到达铜官山矿区，接管铜官山分矿保管所，张广才、潘世济等人介绍情况，驻地军事联络员陈智祥调工程处工作，联合办公开展初期建设事项。国家财经委矿产测勘处委派张兆瑾工程师组建铜官山铜矿探勘队（今321地质队前身），6月27日，30人到达铜官山。9月8日，铜官山工程处机关全部由上海迁到铜官山矿区，同时取消工作队，成员转入合并，实行集中办公。

1951年5月13日，华东工业部同意铜官山铜矿工程处设立基建工程组（正副组长熊柏龄、刘广泌），计划科（科长简根贤兼任，后为沈崇震），秘书科（科长王延珍），人事科（科长王献廷），保卫科（科长王润田），财务科（科长郭可语），材料供应科（副科长赵传藩）。原有管理组及技术组取消，另外设置有关单位主管，采矿陈仁宪，选厂刘广泌，机工场场务叶衍元，化验室徐躬勤，工筹会苏发斌等。

1952年7月12日，华东军政委员会工业部同意铜官山矿工程处组建矿务局。9月28日，“中央人民政府重工业部有色金属工业管理局铜官山矿务局”成立，通称“铜官山矿务局”（颁用铜牌徽章）。行政机构设立处科，后为31个（于1957年3月整编压缩为21个），下设采矿、勘探、选厂、冶炼、机修、电厂、建安、运输、试验、医院、学校等单位。

（二）矿山开采建设

1950年6月，由工程处技术组（主管陈仁宪）负责设计，由华东建筑工程公司施工，开始恢复日伪留下的老庙基山62米平窿210米，第一斜井60米，第2斜井30米，横巷190米。10月下旬，第一斜井与平巷贯通；11月上旬，完成梳理平巷225米，坑外铺设轻便铁道127米。1951年1月开始先后安装4台压风机（其中2台系加拿大制留存）。自制载重1吨铁矿车100辆，建设平坑内外临时供风、供水、供电设施。1951年完成井巷掘进1168米。1952年上半年，在矿体中央分南北1至7号采场，使用上向水平分层充填法。6月30日，62米平窿正式出矿，当年出矿量35 330吨。1952年11月前铜矿主管陈仁宪，1953年至1957年先后任矿长主要是张基德、谢光辉、管兴华、李英信等。

1952年7月下旬，开始掘进松树山斜井，单轨提升，到1954年斜井延伸至负55米。1953年4月，开始采用人工下掘老副井，规格为矩形三格双罐提升，由地表92米开工，下到负55米。1954年开掘65米平窿，于1955年10月投产，设计能力每日2400吨。

1954年10月，开始下掘主井（通称新大井），规格为矩形四格双箕斗提升，由地表81米下掘至负28米，主要提升5米中段矿石，于1956年9月投产，设计能力为每日3600吨。

1953年7月，中央重工业部批准老庙基山和小铜官山负25米中段以上为露天开采报告。1954年6月，成立露天开采剥离大队（队长李彦清）。10月，开始剥离，最高标高老庙基山163米，小铜官山174米。到1956年年底，完成剥离总量243万立方米。1956年9月21日，露天采矿场投入生产。

1955年4月，铜官山铜矿宝山矿段开掘95米平硐，1956年7月，采用人工作业法，下掘1号盲井至55米，1957年9月投产。

1955年6月，铜官山铜矿笔山矿段开掘65米平硐，1956年10月下掘盲竖井。

1956年2月，矿务局成立铜山矿（贵池）筹备处。1957年12月10日，开工下掘副井，圆形直径4米，井口标高47.2米。到1958年8月19日竣工至负80米，后进行井筒和卷扬机安装，1959年11月投产。

1956年年初，铜官山矿观音涝山矿段，开始在地表137米采用人工剥离浅孔开采铁矿。10月进行大爆破，将两个山头分两次爆破，最大一次炸药量117吨，爆破量20万立方米。后为正式露天开采。

（三）选矿工程建设

1950年7月1日，选矿厂自行设计正式动工，厂址在铜官山东北边的长山头，以日本人遗留的厂址为基础，设计规模日处理原矿400吨。厂房建筑面积3251平方米。1952年1月上旬，浮选投入试车；2月上旬，球磨机投入试车；9月选铜试车。10月1日，铜官山选矿厂正式投产，主管刘广泌，1952年11月谷振魁任厂长。1953年8月，选硫系统建成投产。

1953年11月30日，中央重工业部批准选矿厂扩建工程，规模扩大到日处理原矿2400吨。1954年6月，有色金属管理局设计公司提出初步设计，主要项目更新碎矿、浮选等设备，扩建和生产同时进行，1956年10月初竣工投产，厂长王安澜，后为管兴华。

选矿厂东南1.2千米建有响水冲尾矿库，坝长125米，高15米，总库容550万立方米，1954年7月初建成使用，1967年年底停用。

（四）冶炼工程建设

1950年7月，中央重工业部全国计划会议决定在华东地区建设一座粗铜冶炼厂。华东工业部拟定厂址复议，定在铜官山地区。12月，铜官山铜矿工程处通过勘测调查，厂址选定在临长江扫把沟的荒山和水洼低地（狼尾湖畔）。

1951年2月1日，华东工业部矿冶处批准冶炼厂厂址方案。3月底以工程师喇华佩为主设计，向华东工业部呈报设计书。4月，工程破土动工，采用下吸式烧结机——全水套敞开式鼓风炉熔炼——卧式转炉吹炼的生产工艺，初期规模年产粗铜2000吨，当时为国内首次使用的先进工艺，开创了我国采用现代化转炉生产粗铜的历史。8月下旬，华东财政委员会同意投资尾气排放烟囱的建设。9月，华东工业部批准铜官山冶炼厂建设的初步设计。

冶炼厂建设，土建工程由华东建筑工程公司承担，原料库及厂房等，于1952年10月完工，后续施工配套及安装，于1953年4月完成。1951年12月17日，东北专建烟囱的何庆锡小组来铜承建110米烟囱，于1952年5月26日竣工，1953年5月1日正式生产，首任厂长喇华佩，当年生产粗铜1195吨，次年生产2232吨。1954年12月，增加一台16平方米烧结机，粗铜生产能力扩大到年产5000吨，1955年产粗铜5484吨。

1954年9月国家计划委员会和1954年12月重工业部先后批准改建冶炼厂设计任务书，生产能力年产粗铜1万吨，硫酸8万吨。1956年年初，矿务局采用第一方案分两期进行。3月7日，一期扩建工程动工，由山东省五公司承担，4月17日竣工投产。后为马鞍山六公司承担施工开始二期工程，于1957年4月竣工投产。1956年生产粗铜7231吨，1957年生产粗铜10 270吨。

（五）辅助设施建设

1. 铁路运输。1950年7月，修复日寇于1942年夏建的遗留下来的残缺窄轨（1067毫米）8.6千米小铁路，东起铜官山矿，向西沿现在市长江路至5千米处，再经新民村向南到扫把沟码头。7月19日，铁路交通恢复正式试车。同期由秦传坤、岳松林负责，先后修理3台旧机车、60多辆敞车等。12月10日，修好首台“胜利号”机车和铁路正式投入运输。1951年完成货运量3.65万吨。1952年春增开通勤客车。1952年10月20日，成立运输科（1959年9月改为运输部）。1954年，增加机车4台。1955年春，开始洗检和零修。1957年7月，开始对铁路进行了改造，移建线路于今长江路南部但仍贯穿市区，经余家村联结横港码头，全长15.8千米，于1958年7月1日正式通车运行。

2. 水路运输。以长江航道为主，1950年6月初，从马鞍山调来一艘60匹马力拖轮，一艘100吨驳轮。6月23日，扫把沟载重三吨临时码头修建完工。7月底成立轮船站。1957年10月底，在扫把沟动工兴建6、8号铁、铜精砂矿两码头。

3.公路运输。1953年，矿务局修建由铜官山矿区经杨家山到扫把沟第一条铜兴路（今铜官路、金山路）。1954年，建成由铜官山矿区到铜陵县城8千米公路（今长江路、井湖路）。1956年11月，修通铜陵至繁昌的公路（连通芜湖）。

4.机修设施。1950年7月，铜官山铜矿工程处建立机修小组，有31名技术工人，下设机工场、铸工场、锻工场，后增木工场。场地位于采矿和选厂之间山谷地区。厂房利用原日本人留下的200平方米仓库，经修理为机工场；利用一栋旧矿车库房为铸工场；建临时工棚为锻工场。1951年，改造铸工场、木工场，扩建机工场。1952年增建烘模房、铆焊间、电工间及仓库等。1952年3月，各工场合并成立机修厂。1953年、1954年又进行扩建并增添多类型机床设备。到1957年年底，厂房建筑面积已达2000平方米，承担采选炼设备检修、非标设备备件等加工制作。1958年7月，作扩建迁址设计并开始施工。10月，成立冶金机械制造厂。

5.供电设施。1950年5月，成立铜官山铜矿工程处电工场，由上海运来250伏54千瓦发电机，因直流改用蒸汽发电机，8月12日试车。8月24日投入使用。9月25日，一台125千伏安发电机修复后投入使用，作为矿区临时供电。

1950年8月，工程处与南京电业局合作，华东建筑工程公司承建，经勘察选择扫把沟地区兴建火力发电厂。1951年11月初，容量2000瓦的1号发电机组发电。1952年9月，1250千瓦的2号组及1953年3月1300千瓦的3号组皆投产。原临时供电逐步撤除。与此同时，相应的输变电路配套工程投入施工，完成6.6千伏线路7千米，建成3个配电所。1953年，在天鹅抱蛋山西麓（东村）兴建宁（南京）铜（铜陵）110千伏输变电工程。1955年3月，马（马鞍山）铜（铜陵）线接通，发电厂并入华东电网。1958年11月6日，供电设施划归铜陵市管理。

6.供水设施。矿山恢复建设初期的前两年，供水主要为泉水和井水。1951年11月上旬，铜官山铜矿工程处开始在解放东村水库兴建取水工程。1952年1月下旬完工，为每日供水100吨的简易供水站。1953年4月，铜官山矿务局进行扩建，1954年6月竣工，增到日供水3000吨。1956年，在扫把沟江边冶炼厂（后为一冶），建造4000吨的净化站，后扩建为8000吨，1962年划归铜陵市自来水厂。

二、汇集各地人员创基立业

1950年5月10日，铜官山铜矿工程处管理组下设人事小组，负责人事劳动工资管理，1951年1月22日，撤组成立人事科。1952年11月，改称铜官山矿务局人事工资科。1953年2月撤科成立人事处，下设劳动工资科，6月人事处改为人事科。1954年7月，人事科又改称干部科。1956年5月17日，干部科分为干部科和培训科（至1958年）。

为适应生产建设的需要，铜官山矿务局在中央重工业部有色金属管理局、省委、省政府等部门的重视下，调派各类行政管理干部、工程技术人员，招收广大工人等。组织一批批人员到铜官山参加生产建设，为创基立业做出重大贡献。

（一）调动各地相关行业职工

铜官山铜矿工程处、铜官山矿务局实行固定工制度。招收新工人一般由劳动部门派员赴外地招工，有的通过地方机关部门介绍，有的通过早来的在职员工的介绍，也有的通过社会招工考试录用等多渠道。1952年12月，矿务局拟定工人调配办法，结合工种作业量编制劳动定员定额计划。

1949年4月21日，铜官山地区解放了。5月下旬，南京军事管制委员会组建华中矿务局（毛更生为军代表），组成军管组以马鞍山为中心。6月下旬委派联络员陈智祥等3人到铜陵，接管铜官山分矿保管所，负责人康勃平办理物资交接手续。当时矿山尚有70多人，经摸底排队整编留用卜春林、焦仁山、田心之、吴阿福等20余人。7月，在铜陵县委等支持下，组织以焦仁山为队长的10多人的工人纠察队，维护社会治安，保卫矿山财产。

1950年6月中旬，经批准，马鞍山矿务局选送机电技术工人胡庆文、秦传坤、胡文海、丁仕华等50余人，由马鞍山军事管制委员会联络员陈智祥带队，于6月中旬到铜官山矿区参加恢复建设。

1950年6月中旬，华东工业部华东建筑工程公司（负责人王克竟）赴铜官山矿区先后承担施工采矿、选厂、炼厂、电厂、机修等恢复修理建筑工程项目。1951年职工有1100余人。1952年年底该公司撤走，因发展建筑需要，留下数百人为基础，1953年1月，成立矿务局建筑工程队和安装工程队，共有1200余人。12月22日两队合并成立建筑安装工程公司。

1950年7月7日，由华东工业部调配，浙江长兴煤矿马德元、熊东生、刘振华、张章法、赵文明、钱锁才、田长发等54人，主要是采矿、机电技术工人，先在煤矿动员报名批准，于7月3日离开长兴，经苏州、南京、芜湖到铜官山铜矿。

1950年9月中旬，上海招收技工30余人到铜官山矿区。

1951年1月1日，由肥东县劳动局介绍，候遒荣等4人，8月初方静平、殷平金等3人，到铜官山矿工程处采矿工场工作。

1951年3月中旬，贵池馒头山煤矿（早于1924年开采，1951年初因水患面临闭坑）由贵池县劳动局介绍，工程处派员到煤矿观察招工，第一批康心安、杨家魁等120人，先调派到铜官山铜矿。7月为第二批许玉堂、朱立新等108人；11月为第三批杨新和、桂万成等170多人，后又陆续调派100多人，共计来铜官山铜矿500余人，主要分到采矿工场。

1951年10月，由华东工业部调配，山东烟台招远玲珑金矿温仁举（带队）、杨天升、王文甫、郭振财、起闻广、温仁堂、王昌安等8人，乘火车南下到铜官山铜矿工程处选厂等单位。

1951年12月27日，经皖南行政公署工会介绍，芜湖火龙岗煤矿许国斌、叶永正、杨道宽、王守堂等40人，由工程处派医师曹志霖等2人，到煤矿观察体检招收，一道来铜官山铜矿分到采矿工场。

1952年5月13日，由早来（1951年秋）同乡朱春松介绍，扬州李世发、许花泉、汪善法等5人，来铜官山铜矿报到，分到选厂、机工场。

1952年6月6日，由肥东县劳动局介绍，张先安等40多人，到铜官山铜矿采矿工场。

1952年6月16日，由芜湖市总工会调派76人，市劳动局介绍140

余人，工程处人事科周瑞麟到芜湖考察招收，胡昌布、王国寿、周光福、许世锦、甘邦全、汪立仁、倪寿宏、万德昌、舒醒民等216余人，到铜官山铜矿报到，分往采矿、选厂、机修、炼厂等单位。

1952年6月20日，由华东工业部调配，工程处派员办理，淮南煤矿经报名批准，赵志金、谢景山、方开芝、洪明德、袁志彬等72人，主要到铜官山铜矿工程处采矿工场。

1952年6月20日，由江宁县总工会介绍，南京办事处和工程处派员观察招收，南京青龙山采石矿尚英海（带队）、杨德洪、张道伦、稽传仁、俞世新等173人，到铜官山铜矿分往采矿、选厂等单位。

1952年8月，由宣城县劳动局介绍，郑圣木、胡世荣、张继昌、王顺普等18人，到铜官山铜矿采矿工场。

1952年9月27日，由芜湖市劳动局介绍，工程处胡风岐负责，繁昌四冲煤矿叶尚初、顾仁礼等48人，经体检后到铜官山铜矿采矿工场。

1952年9月，工程处人事科劳动部门负责用人招工，周边市县如安庆、芜湖及县乡，在铜官山职工子弟学校举行400余人考试，审批录取，任克礼（后任河南省人大常委会主任）、宿正康、何忠兴、相秉成、刘延寿、高正亚、童茂堂、张云森、方海州等142人录用，10月后陆续到铜官山铜矿报到，分往采矿、选厂、机修、机关等单位。

1952年10月，由华东工业部调配，山东烟台玲珑矿选厂孙树兴（后任铜陵市委书记）、邹方亮（后任铜陵有色公司副经理），王克恕、韩顺启、温仁仙等5人，乘火车南下到铜官山铜矿选厂、机工场等单位。同月，工程处首次招考学徒工，共录用58人。

1952年12月24日，由中央重工业部有色金属管理局调配，辽宁沈阳冶炼厂尹夏植、周贵山等8人，分到铜官山矿务局冶炼厂（后为一冶）。

1953年2月14日，由庐江矾矿工会介绍，矿务局派苏发斌等3人去庐江招工，矾矿夏浩然、张永汉、陈明长、朱本达、李正洪等110余人，过江到铜官山矿务局，分到采选等单位。3月中旬，矾矿卢荣景（后任安徽省委书记）、洪增堂、王必昌、苏启锁等40多人，到铜官山矿务局分到生产单位。7月、8月，矾矿又陆续有120余人，到铜官山矿务局生产单位，有的到建筑工程公司。

1953年3月23日，由无为县劳动局介绍，矿务局派员办理招工，卢华（后任铜陵市人大常委会副主任）、童天炳、徐观望等40人，到铜官山矿报到，主要分到采矿工场。

1953年3月28日，由南京市劳动局介绍，南京办事处派员负责招工，南京市区及郊县韩守荣、雷如海、郑国志、庄成友、李长齐等78人，主要分到铜官山矿采矿工场、机关等单位。

1953年3月，由江苏句容县劳动局介绍，南京办事处派员招收，中污和东潭煤矿汤守道（后任铜陵化工集团党委书记）、丰玉华、柏林、李宝恩、李宝贞等70多人，分到铜官山矿采矿工场。

1953年7月，由安庆市劳动局介绍，矿务局劳动工资科派员到煤矿观察面试招工，怀宁金鸡笼煤矿徐造豪、王四五、周百才等，先后来铜官山矿务局分到采矿工场。

1954年1月，由青阳县劳动局介绍，矿务局劳动工资科派员招工，陈应才、张国良等，先到矿务局建筑工程队，12月调动分到采矿、选厂、炼厂等单位。

1954年10月，重工业部有色金属管理局调辽宁省清源金铜矿杜浮贵、杨清波等汽运、机修技术工人20余人到铜官山矿务局报到，分到露天铜矿运输等单位。

1955年4月16日，郁维申、常明维等24人转业来铜，并带来印刷机械6台及铅字，在此基础上，成立“铜官山印刷厂”，主要承印矿务局宣传部主办的《铜矿工人》报。

1955年7月1日，冶金部有色金属管理局调配，山东“五〇一厂技工学校”毕业的刘洪勋、宿敏、韩奎、于淑缓、王连义等机电专业85人，分到矿务局采矿、选厂、炼厂、机修等单位。

1955年8月初，庐江矾矿筹建化工厂，委托铜官山矿务局培训技术工人15人，后厂停办而留人，并和矾矿职工一道，由庐江县劳动局和矾矿介绍，钱永珠、卢业余、夏立仁等76人，分到矿务局采矿工场。1957年部分人员调往铜山铜矿。

1956年10月中旬，蚌埠市劳动局介绍，矿务局劳动工资科派员3人，去蚌埠市招工，通过查阅中小学毕业证书，面试、体检，席玉虎、齐玉华等330余人，赴铜官山矿务局经培训后，分到机修、运输、炼厂、铜山矿等单位。同年，经重工业部有色金属管理局批准，矿务局将1632名长期临时工转为固定工。

1957年6月底，冶金部有色金属管理局调辽宁杨家杖子有色技术学校毕业的任庆满等专业技术人员116人，分到矿务局采矿、选厂、机修、炼厂等单位。

1957年10月29日，原南京军区独立二师43团，赵全文、陈玉球、孙文绩等110人，转业分到铜官山市，安排铜官山矿务局、市地方单位。

（二）调派各类管理干部

铜官山铜矿工程处于1950年11月19日制定《工作人员录用试行办法》，12月28日又制定《组织规程修改草案》，确定了人事科职责范围。1951年4月21日，制定《铜官山铜矿工程处管理委员会具体实施暂行办法》，规定了人事任免、录用等问题。铜官山矿务局于1952年12月底制定《人事工资职责条例》，明确了干部培训和提拔管理。1954年，矿务局实行“三级一长制”的管理体制。1955年6月，制定《干部管理、调配、任免、惩戒办法》，11月进行修改，12月发至各单位讨论修改后呈报中央有色局批准。1956年2月，制定《干部调遣办法》《干部任免办法》，经中央有色局批准后实施。组织部和人事部门为适应企业发展，组建工作机构和生产单位，认真做好各项工作。有关各类行政干部主要指党群、工会、妇女、青年团等。

1950年5月起，铜官山铜矿工程处期间的干部，主要由华东工业部人事处从各地集结调派。6月下旬原马鞍山矿务局的铜官山分矿保管所的全体工作人员如陈智祥、张广才、潘世济、黄家珂、尚玉堂等人并入铜官山铜矿工程处（含原工作队）。9月8日，工程处机关由上海迁到铜官山矿区，职员30余人集中办公。工程处主任袁慧灼（原华东工业部矿冶工业处副处长）、副主任田风（南京军管会，曾就读于延安抗日军政大学）、副主任兼总工程师简根贤（1935年唐山交通大学毕业），在皖南行政公署和铜陵县委支持下，9月调配郭光军、苏发斌、周振宽等人，成立党支部（5人）。到年底，工程处有各类管理干部50人（不含工程技术人员25人，以下另行简述），其中行政管理人员34人，见习生12人，医务人员3人，群团1人。

1951年，华东工业部人事处调动行政干部20多人，皖南行署调派党务为主的干部，11月报到有陈定一、马良华（后任有色公司副经理）、郑披星、张福祥等数人。军队转业干部汪润田等人；苏南招聘岳家军、杨一风等9人。到年底共有管理干部88人，其中科股长11人，助理员17人，科员28人，统计员12人，卫生人员12人，武装人员中连排长8人。

1952年2月25日，设立安徽省人民委员会，同时撤销原皖南、皖北两个行政公署。安徽省委组织部等于下半年先后调一批干部到铜官山矿区工作。皖北行署有金克（后任有色公司经理、书记）、管兴华（后任公司副经理）等数人。皖南行署有张景翰（红军，后任有色公司第一副经理）、吴若宾（后任有色公司副经理）、龚平（后任铜陵市人大常委会副主任）、宋登秀、李彦清、李英信等十多人。重工业部有色金属工业管理局调派吴伯文（矿务局局长）、李唯知（矿务局副局长）等数人。另有韦滨、姚文铃（两人后任矿委会副书记）、谷振魁（后任有色公司副经理）、刘熙生、李照玉等十多人。

1952年9月24日，安徽省教育厅分配芜湖速成中学毕业生胡道法等4人到铜官山铜矿工程处为办事员。11月，矿务局人事科在江苏扬州招聘，通过考试录用刘桂荣（后任市人大常委会副主任）、施彬、高乾宏、孙昌宝等33人为办事员，到铜官山矿务局分到机关和厂矿单位。12月下旬，华东工业部调动喇华佩、吴醒、冯公伟、胡华永等4人到工程处正式工作。10月，省总工会调派何申等干部数人。11月省委组织部调派青年团干部盛诗泉等5人。

1953年，安徽省委组织部先后调派谢光辉（后为矿务局副局长）、倪则耕、张秀、胡万福、陈风度、李恕善等，省委人事厅先后调派周屏、苏彬、张培吉等，中央重工业部有色金属工业管理局调派路光（矿务局长）、吕一平、蔡繁惠（均为矿务局副局长）、原同兴等10人到铜官山矿务局工作，还有军队转业干部乔玉卿、李永谊等数人。

1953年，矿务局人事处胡风岐等人按华东工业部有关文件，由南京人事局和教育局介绍，招收南京厚德会计学校毕业生马伯文、丁可涛、郑发祥、高广勋、丁华荣、陈良珍等27人，1月中旬到矿务局分到机关厂矿等单位任会计、统计等工作。矿务局人事处胡风岐在扬州通过考试，录用王桂林、陆正元、邹秉璋、李长胜、朱振中、卞忠国、华荣珠等34人，于1月25日到铜官山矿务局机关、厂矿为会计、练习生等。3月，矿务局人事处于文彬等人到蚌埠招聘，通过考试录用王生华、谢慕元、李家祥、张家龙、张广兰等21人，到矿务局为办事员。10月初，经安徽省卫生厅介绍，上海市卫生学校毕业的瞿德厚等3人到矿务局工作。全年先后从优秀工人当中提拔干部76人。

1954年，生产建设发展快，矿务局机关设立部处科室达30个，基层矿厂队有10个。年度共有干部1106人（含工程技术人员179人）。其中：矿委级9人，厂科级116人，股级248人，一般干部733人。提拔干部194人，其中矿委级6人（谢光辉、吴若宏、姚文铃等），厂科级45人，股级143人。接收南京部队后勤部转业干部张荣、朱本超、张家顶、左其浩、于文峰、谈峻岱、钱敬宗等89人，于10月24日到铜官山矿务局安置在机关、厂矿等单位。

1955年，充实初建单位及机构变动（减少机关处科室），干部调进135人，调出54人。中央有色局和外单位调配来矿干部146人，主要有副局长华海亭1人，股长3人，一般干部14人，教师10人，医务人员26人，技术人员78人，军队转业干部赵光炎等14人。内部调整股以上干部63人。3月完成向第五工程公司移交干部198人。本年度提拔干部94人，其中：矿委级3人（张景输、于汉文、庞振明），科厂长级17人，股长级44人，一般干部30人，另外上调和支援兄弟厂矿干部35人。总计，1955年度共有干部1033人，其中党群系统137人，行政系统896人。

1956年7月12日，中央有色局将科级干部交由矿务局自行管理。9月14日，矿务局将股级以下干部由单位自行管理。年度共新提拔各级别干部489人，调往矿务局新建单位65人，内部调动297人，向外输送干部67人。调入各类干部228人、军队复员转业干部李恒增（带队）等6人。总计，1956年度共有干部1225人（含工程技术人员321人）。

1957年2～3月，矿务局整顿编制，将业务相近的科室合并，由原来的31个科室合为21个，调转机关160名干部充实到基层厂矿，加强生产管理。年度提拔干部33人，其中科级厂矿长1人，区段长2人，助理技术员30人，是五年来提干最少的一年。6月29日，浙江冶金工业学校林季春（带队）、王亚男、金度年、杨明芝、钟信茂、郦美娟等会计专业19人到矿务局工作。总计，1957年度共有1402人，其中党委系统113人，工会系统41人，共青团系统23人，工程技术人员500人。

（三）工程技术人员

工程技术人员主要指地质、测量、采选、冶炼、化工、机械、电气、建筑、化验等相关专业，以大中专院校毕业生为主构成。铜官山铜矿工程处期间，由华东工业部人事处和矿冶工业处主管，调遣中华人民共和国成立前或初期大中专院校毕业生参加工作。铜官山矿务局在“一五”计划期间，多为全国大中专院校毕业调配参加工作。

1952年5月9日，华东工业部人事处在南京《新华日报》上公布招考技术人员文告。创业初期八年间，先后调配或招聘各类专业工程技术人员有五百多人，为铜官山矿区发展，建立铜工业基地做出重大贡献。

1950年6月，华东工业部抽调本部有关处室的工程师及技术人员，由上海经南京、芜湖到铜官山铜矿工作队（后为工程处）工作。主要有简根贤（1935年唐山交通大学矿冶）、陈仁宪（1944年唐山交通大学矿冶）、姚若欣（1936年中山大学地质）、刘广泌（留苏选矿）、熊柏龄（留英电气）、沈崇震（1944年云南大学采矿）、叶衍元（1945年同济大学土木）、胡昌恒（1944年唐山交通大学测绘）、黎懋才（土木工程师）、周学熙和方支汉（机械工程师）等。招聘有王裕民、虞孝照（1948年重庆大学矿冶、化验）、张绳祖（1944年云南大学矿冶）等数十人。7月12日，长兴煤矿陈张银（机械工程师）等4人到矿区。12月16日，上海中学（理工）毕业生邱克临到铜官山。

1951年7月21日，上海高级机械职业学校毕业的邵振华、张亚周等2人，同济大学附属职业学校的张行超、胡增荣、金珉、张仁根等6人，同行调配到铜官山铜矿工程处。华东工业部人事处调派李德金、叶昌泽等数人到铜官山工程处工作。

1952年7～9月，全国各地有20余所大专院校毕业生先后调配到铜官山工程处（矿务局）工作。主要有复旦大学：邵裕祥、何建平；

震旦大学：周芳云（女）；圣约翰大学：朱文祥、余日辉；大同大学：陆筱惠（女）、叶青兰、王莆德等4人；上海财经学院：朱晓昌、徐曼珠；江南大学：王瑞栋；浙江大学：陈渭夫；南昌大学：饶觉先；重庆大学：潘成芳；云南大学：张绪和、张远应；金陵大学：许贻琴（女）等3人；湖南大学：刘生见、刘书休、朱宾伦（后任省冶金厅副厅长）、李祖安、彭绍裘、黄杰、周政新、胡真厚等14人；唐山交通大学：龚启苏（后任市政协副主席）、刘英刚、黄有新、张学堂、刘季和、马国珍等8人；安徽大学：李继唯（后任市政协副主席）、袁级三；开封黄河水利专科学校：张福安、赵天志等。

1953年8月，上海机电专科学校：钱慰民、张鸿德、王浩然等3人；长春建筑工业学校：范广余、王明礼等3人。

1954年7月18日，中央人民政府重工业部长沙有色金属工业学校（简称“长沙有色学校”）：熊赛鹏（带队）、李亚华、梁正平、黄知新、钟凯然等10人。8月，山东工学院：姜正良、宋汝惠、国衍亭等4人。3月初，芜湖机电学校：刘青文、林松旺、倪瑞年等5人。8月初，本溪钢铁学校：刘恩才等。

1955年8月初，中南矿冶学院：梁崇俭（后任有色公司总工程师）、刘凯寿、姚忠吉等。8月，昆明工学院：邹振纲（后任有色公司副经理）、刘希明等。9月20日，北京矿冶学院：韩裕民、杨复兴等。9月初，长春建筑工业学校：高天佑。9月初，哈尔滨工业建筑学校：孙金等。8月，中南土木建筑工业学院：张德槽；重工业部长春勘探学校：文笃尧、陈鸿奎、熊一成、张云澄等17人（地质8人，测量9人）；沈阳有色金属工业学校：贺荣孝（后任铜陵化工集团副经理）、寇纯义、王土爱、任廷良、韩子玉、李延顺、紫松嵬、叶仁祥等14人；山东淄博工业学校：朱兴明、闫世民、许忠明、张传宝等4人；芜湖机电学校：程子福等；长沙有色工业学校：匡建平、李文质、王颂才、柳克汉、杨绮珍（女）、张素琴（女）等10人。

1956年7月，沈阳冶炼工业学校：邱慧钧等4人。

1956年8月，中南矿冶学院：周伟良、张乃凯、黄阳初、肖柏（女）等；昆明工学院：雷国恩、温世懿、余中杨、陈翱、易元礼等；东北工学院：冯祯金、陈梓玉；沈阳有色金属工业学校：马魁勇、郭维孚、王振长、张力军、张汉师、刘惠园、王成文、张敦惠、曹洪才等13人；昆明有色金属工业学校：杜学文、刘光朝、高昆等；山东淄博工业学校：盛传芳、安盛宝等6人。

1957年8月，东北工学院：刘约汉、严文豪、张述尧、沈振华、张学文、孔国梁、冯宝贵等；中南矿冶学院：邓水清、詹英洲、傅传等；长沙有色工校：廖昌盛等；青岛工业建筑学校：尚炳义（带队）、刘河先、藏金明、魏春振、董绍杰等19人；南京电力学校：何景荣、李绪音、董玉莲、孙宗秀、王好魁等8人；重工业部长春地质学校：范炳来、孙泽奇等16人。

三、依铜兴市不忘初心

中华人民共和国成立伊始，1950年至1952年的国民经济三年恢复时期，铜陵工业开始创举。1953年至1957年的国家“一五”计划时期，铜陵工业尤其铜业率先快速发展。八年创业，在有色工业开启兴盛的基础上，乃至行政、城建、交通、文化、教育、卫生、金融、商务及其他行业，均相应地得到迅速发展，一个新兴繁华的工业城市正在崛起。

“一五”计划期间，城市基础设施建设，进行一些与有色生产相适宜的道路、住宅等配套项目。为沟通矿区与附近城镇的交通，先后建成至铜陵县城、扫把沟、繁昌等公路。

1957年全市住宅总面积为12.7万平方米。

1950年3月，铜官山铜矿职工子弟学校创办。

1950年5月，工人戏院始建，1957年9月20日夜火毁。

1950年6月，铜官山铜矿工程处设立医务室，1952年11月改为矿务局卫生所，1953年8月建立矿务局医院，1958年11月移交铜陵市主管，改名铜陵市人民医院。

1950年6月，设立铜官山铜矿邮政代办所，11月升为四等邮局，后逐步发展形成邮电通信枢纽。

1951年1月始建交通银行铜官山办事处，1952年5月升为铜官山支行，1954年更名为中国人民建设银行铜官山支行。

1951年成立中国人民银行铜官山营业所，1953年改为集镇办事处，1954年升为铜陵县支行铜官山办事处，建市后改为市支行。

1953年1月始建铜官山矿区有线广播站，1957年初组建市广播站。

1953年始建铜官山矿工会文化馆，同年兴建工人电影院，次年1月4日开映电影。

1954年始建铜官山矿区人民检察署，同年6月成立省人民法院铜官山矿区派出庭，1956年7月改为市法院。

1955年3月，创办铜官山矿幼儿园。到1957年年底，幼儿园2所（含杨家山园），小学4所，中学1所（今市一中）

1955年7月1日，创办《铜矿工人报》。同年建立印刷厂。

1956年7月，成立铜官山矿区商业局，建市后改为市商业局，下辖贸易、百货、食品三个公司。同年11月，成立市粮食局，下设三个门市部。同年10月成立铜官山市税务局。同年11月成立市公安局。同年成立市文联，并建专业剧团。

1956年11月，设置铜官山市。

1957年3月，召开铜官山市第一届人民代表大会第一次会议，产生市人民委员会，选举市级领导人员。

1957年12月下旬，成立铜陵港务局，大轮航行码头，地址由原来和悦洲迁到横港。

经过这八年，铜陵市初期的社会经济发展成效辉煌，胜利完成“一五”计划。历史证实，有色工业和地方行业，相辅而行，机映生辉。铜陵具有独特的资源禀赋，给人留下许多美好的印记。因铜而兴盛，以铜而名扬。

编写附记

1961年作者高校毕业后，始于铜官山铜矿工作，后来到有色公司机关工作，高级工程师。2004年起，通过查阅有关资料，走访60多位当事人（多为70岁以上老人）的身历往事，不完整地记录了铜陵有色公司创业初期的建设和各地来铜人员情况，鉴于历史原因，所叙可能挂一漏万，难以做到完整全面，敬请批评指正。

（2008年10月）

铜陵采矿技术进步的成效与发展

铜陵有色金属公司现是一个以矿山为基础的产铜为主的联合企业。中华人民共和国成立以来，矿山生产规模从小到大，分期分批地改造扩建开发，积极推行技术进步，不断改革完善采矿工艺，促进矿山持续稳定发展，积累了比较丰富的生产技术经验，取得了较好的综合经济效益。

一、矿山基本概况

铜陵有色金属矿山分布在长江中下游，为我国重要产铜地区之一。主要为矽卡岩类型的铜矿床，多数似层状，少数为透镜体。矿体厚度一般为2～40米，最厚达120米；倾角为20度～80度；走向长一般100～500米，最长可达千米。有用矿物为黄铜矿、磁铁矿、黄铁矿和磁硫铁矿等，矿石稳定性较好。围岩主要是闪长岩、大理岩、矽卡岩、角页岩等，稳固性较差。矿山地质矿石储量2亿吨，含铜品位1%，最低可采品位0.3%。铜矿石中伴生或共生物有硫、铁、金、银、钼等，有价矿物储量可观。

1950年春在废墟上恢复建设的铜官山矿，1952年6月投产。公司20世纪60年代初发展到三个矿山，70年代初增加到五个，80年代初保有五个，封矿一个（即井边铜矿），90年代增加到六个（即铜官山矿、铜山矿狮子山矿、凤凰山矿、金口岭矿、安庆铜矿）。矿山当时有职工1.67万人，其中工程技术人员占4.2%。到1991年年底，矿山共完成采矿总量7055万吨，其中地下采矿量5779万吨，最高年采矿量269万吨。“七五”期间生产矿山采掘比204米/万吨，平均年采矿量210吨，其中地下采矿占97%。

长期以来，铜陵有色矿山正确地执行了国家的矿山政策，坚持了矿山技术进步的方针，充分发挥了矿山的优势，积极采用新工艺、新设备，促进了矿产资源综合开采和利用，从而更多地增加产品产量。除重点生产铜料外，截至1991年年底，共生产硫精矿536万吨，铁精矿658万吨，铁矿石210万吨，钼精矿175吨，水泥82万吨，以及金银等。

二、采矿方法演变与应用

采矿方法是矿山生产的核心，正确选择采矿方法是一项极其重要而复杂的工作，对矿山生产经营活动的各项技术经济指标如生产规模、开采强度、劳动生产率、贫化、成本、安全等，都起着重要的作用。如果未能选定采矿方法，就会导致矿山生产处于被动局面，影响投资效果的发挥。四十年来，由于地质赋存条件、技术装备等多种因素，先后使用各类采矿方法有二十多个（见表1）。20世纪50年代采矿方法以矸石充填法为主，60年代，逐步被空场法及留矿法取代，70年代以来，崩落法占52%（其中阶段崩落法34%），充填法占32%（其中尾砂充填法23%），空场留矿法占16%（其中浅孔留矿法12%）。

铜官山铜矿是我国第一个五年计划重点建设的矿山，1952年6月底投产。初期采用木材护顶不规则的分层废石充填法；1954年苏联专家建议，在老庙基山矿段改水平分层矸石充填法，由于间柱和采场使用木材很多，两年后停用木材，继续回采到60年代初，先后生产六个中段。同期上部改为露天开采矿柱到1966年结束，采出矿石总量664万吨。最终采到-5米，边坡角底盘52.5°，顶束盘60°。松树山段1954年开采初期，使用分层崩落法，因出现火情多次停采；1956年苏联专家建议，使用预防性黄泥灌浆灭火，效果不好而停工；改用小中段崩落法又因火而停。1963年起组织科研试验成功，创造开采高硫高温矿床的竖分条崩落法，熟练掌握灭火方法、爆破技术等；十五年生产四个中段，采矿总量230万吨，生产能力每日600吨，最高年平均日产矿石809吨。50年代后期扩建小铜官山、涝山、宝山等矿段，普遍采用浅孔留矿法，底部结构由原来的二次破碎巷道改为电耙道。1959年使用阶段崩落法、小中段崩落法等，回采矿柱，如1968年小铜官山35米，曾用水力和电耙排放充填料，进行深孔矿柱回采爆破装药量204吨，是当时国内最大的一次地采爆破。经过40年的开采（最高产量1971年铜料1.2万吨），由于铜资源枯竭，宝山、小铜官山、涝山等矿段，相继闭坑，目前保持松树山和老庙基山矿段深部回采，新扩建天马山矿段等三个工区。

表1　采矿方法分类与使用

类别	采矿方法名称	使用年期	生产矿山名称
空场法	阶段矿房法	1966～1968	狮子山矿
	有底柱分段采矿法	1966～1968	狮子山矿、铜山矿、铜官山矿
	分段空场法	1986～	铜官山矿
	下向分层空场法	1988～	铜官山矿
	V．C．R采矿法	1986～	凤凰山矿、狮子山矿、安庆矿
留矿法	普通浅孔留矿法	1960～1978	井边矿（闭坑）
	破碎道浅孔留矿法	1958～1962	铜官山矿
	电耙道浅孔留矿法	1963～	铜官山矿、狮子山矿金口岭矿
	装运机道浅孔留矿法	1971～	凤凰山矿
	中深孔留矿法	1967～	狮子山矿、铜官山矿
	深孔留矿法	1963～	铜官山矿、狮子山矿、金口岭矿
	浅深孔结合留矿法	1965～	狮子山矿、铜官山矿、金口岭矿
充填法	水平分层干式充填法	1952～1964	铜官山矿
	上向分层尾砂充填法	1970～	凤凰山矿
	上向分层胶结充填法	1973～	铜山矿、凤凰山矿、狮子山矿
	留矿事后充填法	1965～	金口岭矿、凤凰山矿
	空场事后充填法	1965～	铜山矿
崩落法	分层崩落法	1956～1965	铜官山矿、铜山矿
	阶段自然崩落法	1958～1961	铜官山矿、铜山矿
	药室爆破崩落法	1960～1962	铜山矿
	阶段强制崩落法	1961～	铜官山矿、狮子山矿
	竖分条崩落法	1964～1978	铜官山矿
	小中段崩落法	1962～1972	铜官山矿、铜山矿
	有底柱分段崩落法	1962～	铜官山矿、铜山矿、金口岭矿
	无底柱分段崩落法	1974～	铜山矿
	盘区连续开采崩落法	1989～	狮子山矿

铜山矿于1959年11月投产。铜山区负40米以上原设计为矿房矿柱废石充填法，苏联专家建议改为联合采矿法，即矿房浅孔留矿法，矿柱深孔崩落法，生产三年地表形成陷坑积水，1964年黄泥受水浸润，突然涌入地下造成灾害事故，1号主矿体被迫改为露天开采。铜山矿露天自1965年剥离，1970年10月投产，1980年元月采到负103米后闭坑。采矿总量500万吨，最终边坡角底盘44°45′。路采结束后转为地采，使用有底柱分段崩落法至今。前山区4号矿体在1960年首先在0米处采用联合采矿法投产。1962年在0～负40米5～7号川脉进行深孔大爆破，在装药时发生炸药自爆事故，处理后即对负40米4、3、2号川脉进行小中段崩落采矿法，由于采矿水平面积扩大，1965年春发生地压活动，造成坑内巷道破坏，难以恢复，被迫将负40米以上改为露天开采。前山4号矿体负40米以下自1965年用分矿房、矿柱的砼、尾砂胴后一次充填法，1990年采到负170米中段结束，先后回采三个中段。

狮子山矿于1966年7月投产，原设计推荐东西狮子山采矿方法有留矿法、阶段崩落法、全面法和分段法，并要求对分支矿体进行分采。投产不久，由于围岩夹石含矿、地表允许陷落等原因，将原设计的房式采矿法，改用阶段强制崩落法，成效良好。1971年浅部矿体先后采完，转入下部大盲体开采。主要在西山负40米以上三个中段，先采去30%矿量，1975年进行矿柱大爆破，药量97吨，形成23万立方米大空区。1976年在空区上部凿通了一个“15米×15米”的天窗直通地表，同年全国67名矿山专家讨论了此法，定名为“暂留矿石垫层崩落法”。多年来该法在不断地改进、完善。先后采用预留17号矿柱、地表钻孔监测等手段，一直使用至今。此项研究成果获总公司科技二等奖。1991年年底采到负160米中段，总计采出矿量430万吨，并形成170万立方米空区，最大水平面积1万平方米。预计采到负220米中段结束后，空区将达230万立方米。东山区也用此法已回采两个中段，形成三个空区。老鸦岭区扩建于1979年投产，目前负160米中段以上，使用阶段崩落法，下部使用胶结（矿柱）尾砂（矿房）充填法。其他还有用浅孔留矿法、中深孔留矿法。1986~1990年国家“七五”科技攻关项目“地下矿连续开采工艺技术和装备的研究”，分别在东山区负80米中段采用“V.C.R”法和束状孔爆破，在西山区负120米中使用独创的多排同段爆破，并配备运输机、振动机连续出矿等措施，获得成功，不合格大块率为3%，采区生产能力达每小时700吨，荣获总公司一等奖。

凤凰山矿于1971年1月投产，并从瑞典引进采选全套设备。主矿体1号、2号先在负40米中段以上使用水平分层尾砂充填法；3号、4号矿体在负40米中段以上使用浅孔留矿法回采矿房，深孔崩落法回采矿柱，其中3号矿体南端考虑地表需要保护，改用分层充填法或空场事后一次充填。尾砂充填法回采中段高为80米，采场面积为1000平方米至3000平方米，采场内留有小圆形矿柱或半圆柱（支护顶盘风化闪长岩），并用装运机出矿。1983年深部负240米中段投产，中段高达120米（是国内最高的回采中段）。由于充填法采场曾多次发生顶板冒落事故，1981年始组织试验，生产实践证明效果良好，从而维持了充填法在新中段的使用。1986年开始进行采矿方法的技术改造，主要推行“V.C.R”法试验，大直径深孔采矿法的研究并取得成功，对今后深部负360米中段的生产起了指导作用。1990年5月建成并投产由微机控制的尾胶充填系统，目前运行正常，对增强充填体稳定性等起着良好的作用。

1976年，324地质队提交了安庆铜矿地质报告。1981年中日双方签订了合作探矿协议，安庆铜矿自1982年开工到1986年竣工，共完成掘进量2168米。其总费用，日方为1000美元，中方为862美元。1991年3月投料试车，当年生产铜料1500吨。根据有色总公司总经理于1991年3月在矿指出要以提高采场综合生产能力为中心，创造千吨采场为目标的精神来组织地下生产。1号主矿体负400米中段以上原设计用“V.C.R”法二步骤回采（矿柱10米，矿房20米，回采高度60米），后改为矿柱、矿房各为15米宽，回采高度为120米。

总之，四十年来铜陵各矿山在采矿方法应用中，因地制宜地利用自身特点，结合国内外先进经验的进程中，取得了很大的进步。

三、采掘技术成效与发展

铜陵有色矿山开采几十年来，采掘工艺和装备水平均有较大的发展，成效显著。1978年以来，矿山科技成果获奖项目：国家级6项，省部级18项，地市级80多项。技术革新和合理化建议800多项。其中有不少高新技术及有关指标均接近或达到国内外先进水平，为促进矿山生产力发展，发挥重大的积极作用。

（一）井巷掘进

竖井掘进于20世纪60年代前，基本采用人工及小型设备的浅井施工，单行作业效率低。70年代初开始研制推用环形凿架的深孔凿岩，目前使用伞钻，主要先后使用长绳、靠壁式、球形轨道、中心回转等四种类型抓岩机，采用光面爆破、喷锚支护、平行作业等。组建高效率的凿装提升卸料系列的竖井机械化作业线。1975年铜山矿新付井，最高月成井达88.4米；1977年凤凰山矿新付井，最高月成井115.2米。80年代在安庆铜矿付井下掘月成井36.4米。

天井掘进工艺。20世纪50年代几乎采用木框式小板棚普通法掘进天井。1963年开始，推广效率高、成本低、通风条件好的吊缶法掘进天井，组建以吊缶为主的天井掘进机械化作业线，月进天井100~160米，1967年笔山罗村风井创一次掘进180米记录。1983年开始采用天井钻机，月成井80~100米。

平巷掘进工艺。20世纪50年代除使用凿岩机外，装运基本用人工进行。60年代初开始，先后使用凿岩台车、装载机、梭式矿车等设施。通过矿山组建平巷掘进机械化作业线的实践，认为在目前一般平巷掘进仍以气腿式凿岩机辅以装运机为宜。1974年在老鸦岭矿区负160米中段，独头平巷快速月进406米。

（二）凿岩爆破

矿山凿岩爆破不断发展，凿岩机由手持式、气腿式到支架式，推进装置由摇机到自动推进，动力由风动、电动到液压传动。炮孔直径由小到大，由浅到深，还有硐室爆破。炮孔布置由水平向上到下向，由平行、扁形到束孔。装药结构由柱状、间隔到球状。起爆炸药由硝铵、甘油到乳化炸药。起爆方式由火雷（分次点火到一次点火）到电雷管（延发到微差），由导爆索到非电导爆索。

20世纪50年代，各矿都是以小直径浅孔凿岩为主，使用硝铵或甘油炸药、火雷管分次点火的起爆方式。1954年，铜官山矿推广硬质合金钻头和湿式凿岩。1959年，铜官山矿首次试用潜孔凿岩机。

20世纪60年代，采矿浅孔逐渐减少，电雷管起爆逐渐增多，火雷管推广一次点火。1960年，铜山矿首次使用硐室大爆破；1962年起，深孔凿岩爆破在铜山矿广泛应用。布孔方式以水平扇形为主。铵油炸药在各矿普遍应用，铜官山矿和铜山矿还建立自己的加工厂。

70年代，竖井下掘井巷公司在铜山矿新付井研制使用凿岩环多机同时凿岩。微差爆炸在各矿使用；多排同段爆破在狮子山矿普遍应用，光面爆破一度在铜官山矿和金口岭矿“战备铜”中应用。压气装药在铜官山矿和狮子山矿试用。通过铜山矿第七次爆破中产生的高硫高温矿床炸药自燃的机理和主要因素，制定了预防性技术措施。

80年代初，井巷公司在铜山矿和凤凰山矿的新付井下掘使用了悬吊式伞形架凿岩，狮子山矿开始使用KY-120型和研制KY-170型牙轮钻机等，并进行扩大孔径下向平行和束状深孔凿岩，采用了柱状、间隔和球状药包爆破。狮子山矿建成了乳化炸药加工厂并开始使用乳化炸药。

90年代初，安庆铜矿和凤凰山铜矿，推广试用狮子山矿的大直径下向式深孔凿岩爆破。

（三）支护技术

矿山地下支护工作，多年来在不断进步与完善，从大量消耗木材（梯形）转化到（拱形、马蹄形）砼和喷锚为主的支护，从长方形的井筒木支护转变为圆形的砼支护，从木垛、点柱的顶板支护发展到喷锚网的联合支护。

20世纪50年代初，矿山支护主要以木支护为主，如铜官山铜矿老大井、新大井、笔山盲井、宝山盲井……均以长方形的木井框为主。地下的巷道、采场的人道、矿石漏斗也以木支护为主。当时混凝土价格很贵，使用时非常精心，如铜官山铜矿的62米水平的砼巷道所使用的是刨光过的模板。

60年代，混凝土支护逐步代替木支护，出现了砼预制棚架，井巷整体浇灌也多了。到后期铜官山矿又试制成功输砼机并在全公司推广。

70年代，喷浆砼技术得到更广泛的应用，如铜山矿的新付井、凤凰山的新付井以及地下主要硐室……均采用喷浆形式。同时锚杆也在铜官山矿、凤凰山矿等矿开始应用。

80年代初期，凤凰山矿首先创制了长锚索（15米长），再辅以自制的胀管式短锚杆，维护了充填法采场顶板的安全，保证了生产。铜官山铜矿天马山区“下向分层空场法”，用锚杆支护顶板取得成功，为我公司增加了一种新的采矿方法。安庆铜矿在副井施工中采用了短段掘砌的支护，为我公司增加了一种新的掘砌方法。

（四）回采出矿

矿山几十年来出矿的装车、运搬在不断发展进步，由人工装车、人力推车迅速采用机械装车、运搬。而机械装运的发展也有一机装他机运、一机兼装运和一机或机组间断出矿发展到连续出矿两个过程。

20世纪50年代，采矿、掘进的出矿方式是人工三角耙子、巴箕子装车、人力推车的方式轮换进行。

60年代，铜官山矿、铜山矿和狮子山矿逐步使用华-1型装岩机和电扒装车，运搬仍以人力推车或组车为主。后期狮子山矿首先采用电耙溜井化，实现了一同装运一次完成。铜官山矿曾研制使用立爪式装岩机和斗式列车，完成了一条龙出矿机组。

70年代，铜官山矿，狮子山矿把电扒推广到上水平掘进出矿中使用，铜山矿把装岩机用于无底柱崩落法采场出矿，铜官山矿、铜山矿同时用振动放矿机代替溜井放矿闸门。

80年代，凤凰山矿、狮子山矿开始使用铲运机出矿。“七五”期间，狮子山矿研制成功“振动放矿机—振动列车—振动条筛”和“振动条筛—振动放机—绳架式皮带运输机”，两条采场连续出矿机组，每小时出矿能力达300吨。

90年代初，投产的安庆铜矿设计采掘的出矿均以铲运机为主，由于其备件供应渠道不畅，现正研究试用和完善提高狮子山矿的“连续出矿机组”。

（五）空区处理

随着地下采矿逐年扩大，几十年来空区已由浅部发展到深部，由单一发展到群体。当时矿山地下空区有近300万立方米，分别采取了预留矿柱、光弹监测、钻孔监测、预留垫层、老区密闭、开天窗等有效手段，并采用有限元计算法对空区的稳定性进行计算。

对空区形成后的处理，一般采用的原则是“分而治之”，如狮子山矿区目前有三个独立的空区，均在23万立方米并由地表施工的6个监测孔，进行空区监测，预计东山区采完后将有4个空区计110万立方米。西山区的空区在前面已叙述过，用预留17号大矿柱分成为东西两个空区。空区的形成，一方面给安全工作出了很多题目，另一方面带来了很多好处，它大大地降低了供矿成本。狮子山矿历年来是公司供矿成本最低的一个矿山。1991年，全公司供矿成本为54.75元／吨，而狮子山矿供矿成本为38.48元／吨，是最低的。它对选矿的回收率提高有一定的作用，因为在空区内放矿不受地表黄泥的影响。狮子山矿的选矿回收率历年来均在95%左右，是全国的先进指标。

铜陵有色金属矿山生产实践证明，不断变革选择和合理使用各种有效的采矿方法，努力研制和广泛推用先进采掘技术，认真执行矿山技术政策，为发展有色金属工业做出了重大贡献。但是，由于矿山建设前期没有进行可行性研究，生产初期认识不足，采矿方法演变复杂，曾造成生产被动局面，老矿山开采年限较长，多种因素造成技术装备老化，机械化程度较低，妨害生产建设发展。加速矿山科学技术进步，强化采矿技术科学管理，积极引入邻近学科的新技术，改善矿山环境保护和安全条件，改变传统落后工艺，提高装备水平，推广应用高效率的开采工艺，大力开发矿产资源的综合利用和回收，逐步向采掘机械化、连续化、自动化方向发展，振兴采矿工业的新局面。

（1992年6月）

名人与铜陵

古代名人羊山矶踪迹

羊山矶，古称阳山矶，又称大通矶，位于铜陵市区南15千米处，相距长江公路大桥和郊区大通镇约2.5千米。峭壁滨长江东岸，嶙峋山峦起伏。光绪二十三年（1897）《安徽舆图表》（卷四）载："羊山矶高一百尺以上，石耳山西出支脉。"羊山矶雄伟险峻，矶起磐石作用，引长江回流，景色奇丽，蔚蔚然壮观。

随着佛教的进入，隋唐广泛传播，宋元盛行，明清发展。明代嘉靖《九华山志》记载，灵秀瑰丽的九华山，东晋隆安五年（401），天竺（今印度）僧人杯渡来山传经布道，创立茅庵。唐开元七年（719），新罗国（今韩国）国王近族金乔觉渡海来华，卓锡九华修行圆寂，遂被辟为地藏道场。历代相续建筑寺庙，列为四大佛教名山之一。清代《九华山志》载："若沿江各省，登九华山者，水道由大通入，羊山为第一站。"因此，羊山矶被圈为九华圣地之内，并刻绘入《东南第一大九华天台胜境全图》。

南唐（北宋初）举人樊若水（943—994），名若冰，字叔靖，号知古，池州人。父潜事南唐，历令池阳、石棣。北宋开宝三年

(970)，若水诣厥上书言江南（当涂）可取状（量长江宽）以求进用。明太祖赵匡胤令送学士院试，本科及第，授舒州军事推官。开宝七年（974）闰十月，太祖命曹彬统兵十万，出荆南浮江而下到池州铜陵。若水将原在羊山矶处，载丝绳舟度量江尺寸，得知江阔六百丈，献江面水文地理图。曹彬进伐，南唐军败铜陵。故实羊山矶因而扬名，传为史迹。次年，金陵平，若水提升侍御史。太宗时授库部员外郎，累擢户部使，西川转运使，后忧悸而卒，《宋史》有传。

北宋太平兴国年间，为出于行善、纪念、镇魔等之意，邑人于临江羊山大矶头上建平安塔，又称羊山塔，寓意舟行平稳安全。系青砖砌塔，底层正方形，上下共七层（级），高约六丈，塔顶为青瓦六角形的大跳角。每层有门，沿石阶拾级而上，眺览长江风光。

南宋中期，为供人游矶登塔憩息，相连平安塔处，于开禧年间，铜陵知县张孝章，建筑凉亭（初为无名）。清代《半部草堂》载：“在矶之最高岭，绝山献临流，颇具伟观，亭为二级。”亭为石柱木栏，四角翘檐，中设石桌石凳。羊山矶险关，为历代江防军事要地，设“斥侯”。相传，明太祖朱元璋和军师刘伯温，在元朝官兵追赶下，进亭歇憩，凭栏纵目，水天一色，认定为风水宝地，奋笔疾书起名“不波亭”，以祈祷风平浪静，立国安邦，匾额挂于亭上。忽又观望隔江侧面有块沙洲（今和悦洲），不同寻常，则文思涌动，为亭题写对联：“五百年前一滩沙，五百年后发万家。”

南宋爱国诗人陆游（1123—1210），字务观，号放翁，浙江绍兴人，赐进士出身，历任镇江、隆兴（今南昌）、夔州（今重庆奉节）、建安（今福建建瓯）判官等职。曾九年军旅生活。政治上主张充实军备抗金，而受压制排挤。一生创作诗歌9000多首，内容丰富，风格豪放雄壮。乾道二年（1166），陆游由镇江调往隆兴府。从建康（今南京）泛舟江上，途经繁昌、铜陵遇到大雨逆风行难，七月二十三日夜到羊山矶停留而宿。清代《钦定四库全书》载，陆游当日作诗一首。《夜宿阳山矶，将晓大雨，北风甚劲，俄顷行三百余里，遂抵雁翅浦》：五更颠风吹急雨，倒海翻江洗残暑。白浪如山泼入船，家人惊怖篙师舞。此行十日苦滞留，我亦芦丛厌鸣橹。书生快意轻性命，十丈蒲帆百夫举。星驰电骛三百里，坡垅联翩杂平楚。船头风浪声愈厉，助以长笛挝鼍鼓。岂惟澎湃震山岳，直恐澒洞连后土。起看草木尽南靡，水鸟号鸣集洲渚。稽首龙公谢风伯，区区未祷烦神许。应知老去负壮心，戏遣穷途出豪语。

元末明初学士诗人陶安（1312—1368），字主敬，太平（今当涂）人。元至正四年（1344）举人。至正八年（1348），授明道书院山长，至正十四年（1354）冬归省，避乱居家。至正十五年（1355），朱元璋渡江至当涂，陶安率乡里迎谒，被召见献议，留参幕府，授左司员外郎。攻克金陵，授兴国翼元帅府史令。至正十六年（1356），任左司部中。至正二十四年（1364），时黄州刚克，又转任饶州，留下德政。至正二十七年（1367），任翰林院学士，命总裁官。明洪武元年（1368），命制诰兼修国事。四月任江西省参知政事，治理有方，九月卒于任上。著述甚多，有《陶学士集》（20卷）等。陶安于明初年，乘船由金陵上行赴江西任职，途经铜陵作诗四首。明嘉靖二十四年（1545）《池州府志》记载，有诗文《羊山》：“东岸矶头拥赤霞，西边沙诸老蒹葭。江流盘束如衣带，水急船迟日又斜。”

明代戏曲家兼诗人余翘（1567—1613），字聿云，号燕南，别号铜鹊山人，铜陵大通人。自幼天资颖异，笃志好学，悉究经史，善作诗文，刻意求奇，为人所重。万历十九年（1600）中举人。后舟泛游，寄情山水，又归乡操耕。万历四十年（1612），修《池州府志》，然以怀才不遇，英年早逝，士林闻之惋惜。平生著述甚多，尤依樊若水于羊山矶舟度量江为事迹，著《量江记》两卷最负盛名，名家赞誉为稀世珍本。

明代，铜陵籍人，外地从政，留念乡土，归回卒后葬合羊山。清乾隆丁丑《铜陵县志》载，现选录两进士。陈孟晟，铜陵县城关人，明景泰四年（1453）举人，次年中进士，县城城西立“进士坊”。初授大理寺评事，嗣升云南按察司佥事，为官廉慎自励，为政理狱多所平方，当道者高其义，岁余犹有遗币致其家者。暮年回乡，卒葬羊山大江边，副使张明道撰写墓志。佘合中，号初泰，铜陵大通人。少时趾高气扬，青年抗志攻读。明万历三十一年（1603），中举人。万历三十八年（1610）进士。授侍御史，奉敕督运理河，嗣授中宪大夫，巡按湖广、山东道监察御史。五年绩奏澄清，朝野为之侧目。后迁山东按察司邮传道副使，转复福建监察御史，官至大理寺少卿。从官十五年，薪俸捐置义居、义田；捐修坊馆堤及桥梁。人称其诚所谓无内疚之君子。暮年拂衾归里，卒葬羊山。翰林院庶吉士、杭州胡胤嘉撰《赠大行佘初泰考绩》。

明清时期，众多名仕、文人，乘舟行江来往途经羊山矶之域，抒情描绘，吟诗赞扬风光。清《铜陵县志》有载，现选录三人（简述）咏诗。龚鼎孳，字孝升，号芝麓，合肥人。明崇祯为进士，授兵科给事中。清康熙年间官至礼部尚书。诗文著名，有《定山堂集》等。龚回乡省亲，泛舟江下途经羊山矶，作诗《铜陵道中乘风急渡》：“断岸绿江曲，鸣沙激浪崩。斗蛟疑石峡，使马下铜陵。”刘大魁（1698—1779），字才甫、耕南，号海峰，桐城南乡（今枞阳）人。清雍正年间，两举副贡生。乾隆元年（1736），为大学士。曾出为黟县教谕，后去官回乡。著名散文家，桐城文派中坚人物，提倡古文，师事方苞。著有《海峰文集》十卷，《古文约选》四十八卷等。清铜陵人杜义然，庠生，善诗。游矶抒情描绘夕阳西照下壮观景色。《羊山矶》：“返照澄江步晚霞，隔州渔艇乱蒹葭。临流盼望行吟罢，归度林皋月上斜。”

清康熙二十五年（1686），池州知府李灿，曾在羊山矶修筑石路，建砖木结构“生生庵”，上设瞭望哨，下置一皮鼓，并在矶窝内安置红船，以便江上救生化险为夷，为行船安全创造良好条件。后来，铜陵城关人陈哲，字叔元，康熙五十年（1711）举人。雍正年间（1723—1735），历知湘乡、龙阳县。后任广东清远知县，调知归善县事。官至甘肃宁州知州。为官政绩卓著，清苦自持，甚得民心。雍正元年（1723），回乡省亲，见羊山矶地处险要，行舟挽纤极限，呈请魏中丞准修纤夫行路，曾任常州府训导。爱研经史，善于书读，垂暮仕归。还有县人好友杜风等人士，捐资整治，从此舟楫可于停靠羊山矶，为水运交通起着重要作用。

清末进士彭玉麟（1816—1890），字雪琴，湖南衡阳人。早年为武人，咸丰三年（1853），曾国藩创建湘军水师，令分领师船。后授轻车都尉，世袭太子少保衔。1861年，擢为水师提督，历兵部侍郎、尚书。樊善书法奇峭，画梅实力。光绪元年（1875），官保巡阅长江时，尝于铜陵大通荷叶洲设立参将营，改名为和悦洲。登览羊山矶，欣然为“不波亭”题写对联：“过客纷纷来之无恙，大江滚滚到此不波。”同时，大通名绅毕于卿（善书，工诗文），陪同樊游羊山矶，毕竟书法遒劲，不波亭柱上镌刻对联：“羊山塔立亭亭，八景冠澜溪，几度登临缘不解；鹊诸帆悬片片，两洲作屏障，今来喜见水波平。”相传，彭与毕交情甚好，曾募捐修缮不波亭。

（2008年2月）

古诗词中的铜文化

人类最早发现和使用的金属铜，对推动社会发展和文明进步，发挥过重大的历史作用。考古和文献表明，早在原始社会晚期，我们的祖先在长期生产劳动中逐渐认识发现和使用红铜器与青铜器。先秦时期得到进一步发展，先后出现了大量的青铜制作的农具、工具、武器、礼器、货币、生活用具、车马等各类型器物，显示出先进的冶铸技术和较高的艺术造诣，反映出当时社会发展的景象，创造了青铜文化。秦汉到南北朝时期，保持继续发展成就，又广泛用于钱币、兵器、生活器物等。隋唐宋时期，又有新的发展成就，生产地区和规模扩大，工艺创意和类型数量达到高超的水平。历史悠久的铜器物具，成为中华民族文化遗产的瑰宝。

我国是一个诗的国度，有着源远流长的发展历史，其中唐宋诗词堪称精华，是古诗词的标志。唐代在我国古典诗歌史上，“诗备众体”，后期又产生了新的体裁——词，成为宋代诗歌的主要形式。笔者喜爱读书，退休之时收集资料，阅览古代众多名人诗歌中有关“铜”字文句，出语隽奇，抒情真挚，寓意深刻，耐人寻味，闪耀着青铜文化色彩。下面按照铜器物具的特色，主要选取唐诗宋词中的语句，整理分类叙述。

（1）铜人。汉武帝好神仙，在长安建章宫前殿，立二十丈高的铜柱，上安铜铸承露盘，以承接露，故称铜仙、金人，后拆盘移走洛阳。唐代李贺《金铜仙人辞汉歌》诗文，把无情的铜人写成有情的活人，构造出迷离惝意的艺术境界。唐代骆宾王《帝京篇》诗“金茎承露起”（金茎指铜柱）；杜甫《咏怀二首》诗“拙计泥铜柱”；北宋晏几道《宝鼎记》词“抱铜仙，清泪如水”；南宋王沂孙《齐天乐》词“铜仙铅泪似洗，叹移盘去远”。

（2）铜雀。东汉建安十五年（210），曹操在邺城（今河北临漳）西北隅筑三台：铜雀台、金凤台和冰井台，其中铜雀台，高十丈，周围殿室一百二十阁，楼顶置铸大铜雀，舒翼若飞，为中原胜地。唐代王勃《临高台》：“君看旧日高台处，伯梁铜雀生黄尘。”杜牧《赤壁》：“东风不与周郎便，铜雀春深锁二乔。”南宋刘克庄《沁春园》：“登宝钗楼，访铜雀台。”南宋文天祥《酹江月》：“铜雀春情，金人秋泪。”

（3）铜驼。晋陆机《洛阳记》载：“洛阳有铜驼街，汉铸铜驼二枚，在宫南四会道相对。”洛阳成为繁华的景地。唐代骆宾王《艳情代郭氏答卢照邻》“铜驼路上柳千条”；刘禹锡《杨柳枝》“铜驼陌上好风吹”；李贺《铜驼悲》“洛岸悲铜驼”“铜驼夜来哭”；北宋秦观《望海潮》“铜驼巷陌，新晴细履平沙”；徐陵《洛阳道》“东门向金马，南陌接铜驼”；南宋刘辰翁《唐多令》“铜驼无恙不？”

（4）铜乌。《后汉书・张衡传》记录东汉张衡发明地动仪，“以精铜铸成，园径八尺，合盖隆起，形似酒樽”。他还发明用铜制造的乌形测风仪器。《三辅黄图·台谢》载："长安宫南有灵台，高十五仞……有相风铜乌，遇风乃动。"唐代卢照邻《失群雁》"试逐铜乌绕帝台"；骆宾王《帝京篇》"铜羽应风回"（铜羽为铜乌）。另外，与乌、骆驼、雀同为动物类的马，唐李贺《马诗二十三首》（其四）"犹自带铜声"。

（5）铜镜。古称青铜（镜）、铜鉴、古镜，为青铜铸造成的照容用具，正面须摩擦明亮，背面铸有纹饰和铭文。夏商有镜，战国盛行，汉厚重附花纹，唐新颖广泛，宋重实用。吴兢《贞观政要·任贤》载："太宗后尝谓待臣曰：夫以铜为镜，可以正衣冠。"骆宾王《王昭君》"古镜菱花暗"；李白《捣衣篇》"谁能揽镜看愁发"；杜甫《览镜呈柏中丞》"镜中衰谢色，万一故人怜"；孟郊《结交》"铸镜须青铜，青铜易磨试"；孟浩然《同张明府清镜叹》"妄有盘龙镜，清光常昼发"；欧阳修《秋怀二首寄圣俞》"壮士亦何为，青丝悲青镜"；晁补之《摸鱼儿》"群试觑，满青铜"（人视铜镜）；苏轼《登州海市》"但见碧海磨青铜"；《题陈公园》"看取青铜两处磨"（赴铜陵作）；辛弃疾《太常引》"一轮秋影转金波，飞镜又重磨"；陆游《书愤》"镜中哀鬓已先斑"。

（6）铜币。古称古钱、铜钱，多用青铜铸作，从商周开始，形制贝、足、布、刀等异，秦汉至唐宋为方孔园，币名由两到铢后为年号。王勃《春日还郊》"榆青缀古钱"（榆荚联结铜币）；骆宾王《冬日宴》"一百杖头钱"（百钱买酒）；杜甫《逼侧行赠华曜》"恰有三百青铜钱"；《岁晏行》"往日用钱提私铸，今许铅锡和青铜"；白居易《赠友五首》（其三）"胡为秋夏税，岁岁输铜钱"；梅尧臣《时鱼》"一把铜钱趁浆牙"。

（7）铜兵器。古代战争军事常用铜制兵器如箭、剑、刀等。卢照邻《西使兼送孟学士南游》“唯余剑锋在”（铜剑明亮）；李白《白马篇》“三杯弄宝刀”；杜甫《复愁十二首》（之七）“贞观铜牙弩”（铜制射箭）；王维《赠裴旻将军》“腰间宝剑七星文，臂上雕弓百战勋”；李贺《长平箭头歌》“凄凄古血省铜花”；苏轼《新城道中》“树头初日挂铜钲”（钲为行军用的打击乐器，铜制圆盘）；张孝祥《六州歌头》“念腰间箭，匣中剑”；辛弃疾《破阵子》“醉里挑灯看剑”。

（8）铜器具。古代从官府到民间，广泛使用以铜制作的社会生活、文化等多方面的器物用具。唐代薛逢《宫词》“水滴铜龙昼漏长”（铜壶承水滴漏计时）；杜甫《铜瓶》“铜瓶未失水，百丈有衰音”；王维《赠东岳焦炼师》“铜盘即钓鱼”；卢照邻《三月曲水宴待尊字》“由来弃铜墨”（铜印墨绶）；杨炯《梅花落》“泣对同钩障”（饰有铜钩的屏风）；杨杰《屏石谣赠郭功父》“铜台古观置其下”；南宋姜夔《齐天乐》词“露泾铜铺”（铜制铺首装于门上衔门环在外）。

（9）铜炉。古代用铜制造多类型实用炉子，主要为烧香、烧水、取暖等器具或装置。骆宾王《冬日晏》“当炉兽炭然”（炉中木炭烧尽）；李白《杨叛儿》“博山炉中沉香火”；杜甫《岳麓山道林二寺行》“铜炉华烛烛增辉”；白居易《赠友五首》（其三）“私家无钱炉，平地无铜山”；晏殊《踏莎行》“炉香静逐游丝转”（铜炉香灰飞扬空中）；李清照《醉花阴》“瑞脑销金兽”（香料于兽行铜炉烧完）。

（10）铜鼎。古代青铜器中的重器，三足两耳，主要用于煮食、炼丹和祭祀等。自西周开始铸制，形体凝重，雕饰简练，风格豪犷。卢照邻《赠李荣道士》“园洞开丹鼎，方坛聚降云”；刘禹锡《蜀先生庙》“势分山足鼎”；梅尧臣《日蚀》“三足鼎峙何乘慵”；杨杰《和酬子瞻内翰赠行长篇》“九丹炼就鼎灶温”；南宋刘子翚《汴京记事六首》（之四）“空嗟复鼎误前期”；文天祥《正气歌》“鼎镬甘如饴，求之不可得”。

（11）铜钟。西周始用铜制成中空响器，自东汉永平佛教传入后，先由北方后到南方，相继建造寺院，尤以隋唐兴盛，立置铜钟多为报时。卢照邻《羁卧山中》“扣钟鸣天鼓，烧香厌地精”；张继《枫桥夜泊》“夜半钟声到客船”（苏州寒山寺钟）；李白《江上答崔宣城》“山鸣鹊镇钟”（铜陵县城北江边鹊头镇铜钟，明镇坍江）；孟浩然《夜归鹿门歌》“山寺鸣钟昼已昏”；宗杲《游九华山题天台高处》“清钟一杵万山鸣”（园木棒撞钟）；林嵘《日观亭》“钟声断送上层空”；吕本中《柳州开元寺夏雨》“钟唤梦回空怅望”。李白在当涂逗留期，适逢县令李有则铜铸大钟，受邀撰写《化城寺大钟铭并序》，文中“佛以鸿钟惊梦”“则钟之取象”“铜崇朝而山积”“铜液星荧而璀璨”“德方金钟永不朽”。该铭文是我国最早最长抒述炼铜铸造工艺及景观的精妙之作，是研究唐代社会经济、文化艺术等价值的宝贵资料。

以上简述唐宋名人诗词中，有关二十多类型的铜器物具的摘句，多数产生在黄河流域中游的关中和中原地区，这与地理环境影响的因素有密切的关系。史载，从夏商周到秦汉晋及唐宋时期，各朝代建都的活动范围均在其地区，占有特殊的重要地理位置，成为政治、经济、文化统治中心。历史证明，创造了青铜文化，以质高量大、绚丽多彩而闻名于世。铸造颇多铜器物具的原料来源何处？本地区周围的采冶铸不相协调，主要靠外地供应。《禹贡》曰：扬州“厥贡惟金三品”（金银铜），汉代铜镜铭文常有“汉有善铜出丹阳”等资料佐证，扬州、丹阳，在古代部分之地属皖南地区、即以铜陵为中心的铜采冶地区，为铜矿基地，产铜且贡往中原。

地质资料表明，铜陵地区（含今南陵、铜陵、贵池等），所处大地构造位置属扬子江淮地台北部，形成了长江中下游成矿带的重要矿区，资源丰富。史载，早在商周时期，就揭开了铜采矿、冶炼、铸造的历史篇章，创造了一方特色的青铜文化。自秦汉到唐宋其规模和产量，均在全国占有领先地位。历代朝廷高度重视铜陵矿冶事宜，西汉设铜官，东汉设置铜官镇，三国吴置炼铜场，六朝到隋唐设置梅根冶，南唐设立铜陵县，宋置利国监。

唐天宝十三年（754），诗仙李白首次由宣城郡到时属南陵的铜陵地区，寓住五松山，游览铜官山矿冶的壮观景象，抒写“铜井炎炉歊九天，赫如铸鼎荆山前”（《答杜秀才五松山见赠》），抒发“我爱铜官乐，千年未拟还”（《铜官山醉后绝句》）。后来还思念忘怀“铜官几万人”（《赠刘都使》）。李白“千峰夹水向秋浦”，游览清溪河域矿区，身临其境参与矿冶事项，叙述矿业的真实劳动，“提携采铜客，结荷水边沐”（《宿虾湖》）。诗人善用典型环境凸显人物形象，描绘铜冶炼场景盛况，“炉火照天地，红星乱紫烟。赧郎明月夜，歌曲动寒川”（《秋浦歌》）。郭沫若曾作中肯评价：“这好像是近代的一幅油画，而且是以工人为题材。”“把冶矿工人歌颂得很有气魄。”在中国万紫千红的古诗中，自春秋《诗经》到唐诗，唯有李白多次赞咏铜矿冶，其文学、艺术价值极高，形成厚重的铜文化，客观上占有历史社会地位。

铜陵地区矿冶历史悠久，点多面广，光彩夺目，具有很强的辐射力和吸引力，尤其李白响遏行云“铜官乐”的先导，迎来了历代名人雅士的缅怀，千里跋涉驻足壮游铜陵，抒发情怀，记胜题咏酬唱铜文化。史载，主要有北宋梅尧臣《铜官山》诗：“碧矿不出土，青山凿不休。”王安石《胡氏逢原堂》诗：“我爱铜官好，君实象其间。”苏轼《题陈公园》诗：“卷帘看尽铜官山”“落帆重到古铜官”。南宋王十朋《富览亭》诗：“铜官宝嶂悉生春。”还有元代贡奎《铜官山》、陶安《过铜陵》，明代刘涣《游铜官山》、汤显祖《过铜陵》，清代方城《过铜陵》、刘大魁《发铜陵》……历代众多文人名士因铜而来游览，留下了数百首咏扬铜工业的千古佳文，成为我国最早的工业文学起源地之一，展现了古铜都的神韵铜文化。

铜的发现到利用，自夏商到当今，四千年的历史长河，历代铜器物具类型之广，咏文之多，成为中华民族宝贵的铜文化财富。

（2004 年 6 月）

李白情系铜文化

铜是人类最早发现和使用的金属之一，对推动人类社会的发展和文明进步，发挥过巨大的积极作用。文献和考古记载，以铜陵为中心的皖南沿江地域，自古以来产铜著称于世。古代先民用勤劳和智慧，开创历史悠久铜工业，也是中华民族铜文化发源地之一。早在前秦时期，就已揭开了铜矿冶铸历史篇章，创造出颇具地方特色铜文化。正因如此，历代朝廷高度重视铜矿冶的发展，设置管理机构，西汉设铜官（原铜陵县城关），三国吴、南朝齐设置铜官场、隋唐设置铜官冶（梅根冶）。史载，从商周到隋唐一千多年历史，铜矿冶技术先进，文化内涵丰富，成为产铜的重要基地，对促进和繁荣当时东南地区的经济文化起着重要作用，时在全国具有举足轻重的地位。

诗仙李白，主要生活在唐代开元、天宝盛世。一生虽然经历供奉翰林、赐金还山、安史之乱、永王东巡、流放夜郎等政治变故，但是大多数岁月“酷爱”漫游各地山川。李白于天宝三年（744）春赐金还山，“一朝去京国，十载客梁园。”“安能摧眉折腰事权贵，使我不得开心颜。”至于晚年半百老身，觉醒在求仕不得的忧愁困境中，受时在宣城郡任长史的从弟李昭之邀，向往隐居生活。李白由梁园（今开封）南下，天宝十二年（753）秋到宣城，游览前人的先后踪迹，敬仰南朝齐诗人谢朓任太守的尚存遗迹，联想乐府歌诗的师承关系的鲍照（南朝宋诗人），倾慕瘐信（北周诗人）、郭璞（西晋文学家）等名人言之南陵，尤其好友孟浩然诗“火炽梅根冶”。李白心驰神往，于次年（754）秋首赴南陵。史载，南朝梁普通六年（525）设置南陵县，隋开皇九年（589）县域扩大境区含今繁昌、铜陵、青阳和贵池大部分地带等，时为宣城郡南陵县。

李白到南陵相识县丞常建，受热忱接待结交，并同赴今铜陵，住五松山，兴游铜官山。诗人置酒赏景，迷恋蔚为壮观的铜矿冶炼场面，抒写“铜井炎炉歊九天，郝如铸鼎荆山前。陶工夒铄可赤电，回禄睢盱扬紫烟。”（《答杜秀才五松山见赠》）。诗人博学广览，面对气势磅礴的铜井（今铜官山麓）炼铜场景，驰骋想象，仿佛当年皇帝于荆山采铜铸鼎之处；神接天地，邀来能呼唤雷电冶铸师陶安公助阵，请来能燃烧火神回禄助威；炉火熊熊，紫烟升腾。诗人出色地塑造了一个生动新奇的当年产铜矿冶场景之盛况，是我国吟咏冶金最早的杰作诗句，具有极高的文史价值。考古发掘，铜官山北侧下山谷坡地，有古代采掘遗迹和大量废石堆场。尤其罗家村南区留存炼渣遗物估计有20万吨以上，反映唐代采用先进技术地炉炼铜，排渣体近方形，剖面层次明显有数十层不等，世称古代炼渣之最。

李白两次游历铜陵，酷爱秀丽山川和神奇矿冶。“我爱铜官乐，千年为拟还。要须回舞袖，拂尽五松山。”（《铜官山醉后绝句》）诗人醉酒铜官山，直抒胸臆，豪爽坦荡，绝句千古流传。李白迷恋古老铜官山独特奇异的矿冶壮观图景，怀有真挚感情高歌“铜官乐”。文献和考古记载，铜陵地区早在商周期，已揭开了铜的采冶和利用，其规模和技术时在全国占领先地位，现留下了古代矿冶遗址近百处和众多文物宝藏，文化内涵丰富。中华人民共和国成立后创建大型铜工业基地，举办了多届青铜文化节。铜陵矿冶三千年，世称中国古铜都。

李白于铜陵数日后，“千峰夹水向秋浦”，泛舟上行由“下池口”（地名），行驶到秋浦（今贵池）。《旧唐书·地理志》言：“隋分南陵置于秋浦县，因水（秋浦河）为名。”李白会见县令崔钦结友（曾赋诗三首），得知清溪河（今白洋河）山川灵秀无比，矿冶相当兴旺。李白喜急沿河上行并到源头游览，“欲知不得去，薄游成久游”。观瞻清溪自然风光，似游仙境，如世外桃源，奔涌咏诗《秋浦歌》等四十余首瑰丽华章。尤其上游（时称后溪）两岸诸多矿山，更吸引迷住诗人。史载，清溪山系蕴藏着丰富的铜、铅、锌、铁等，具有良好的水运交通条件。秦汉就地开采，隋唐兴盛，迄今仍有黄山岭、枫树岭、六峰山等矿山，还保存许多古代矿冶遗址。可以讲今贵池也有两千多年的矿冶历史，光彩夺目。

李白身历秋浦清溪矿山，曾在诗中直观描写：“采铅清溪滨，时登大楼山。”重要的长期未被社会关注的古体诗《宿虾湖》：“鸡鸣发黄山，暝投虾湖宿。白雨映寒山，森森似银竹。提携采铜客，结荷水边沐。半夜四天开，星河粲人目。明晨大楼去，岗陇多屈伏。当与持斧翁，前溪代云木。”最典型生动描绘披星戴月于山区运矿的真实劳动。李白领着后辈结伙一道，早晨开始从黄山（今黄山岭矿）人运矿石，行走崎岖山路，天黑到虾湖（今姚街）住宿；继续冒雨，穿越寂静山区，劳累时于溪河清洗休整，连夜赶路，天亮到了大楼山（今大龙山）下的清溪河码头（今官冲山），经人砍竹木制作排筏装矿，沿弯曲河道运至百炉庄（地名）冶炼或经长江外调。诗人身临其境，妙笔生花，泼影染色，抒情记载山川运矿的雄伟景象，生动真切。

清溪河中段的西岸坳地（今六峰山与寒山之间），时为矿冶十分发达的炼铜场区（今百炉庄）。李白身历深夜，迷恋五彩缤纷的炼铜壮观，激赞咏诗：“炉火照天地，红星乱紫烟，赧郎明月夜，歌曲动寒川。”诗人善于利用典型环境，描绘新奇逼真的冶炼生产景况，重彩记述勤劳健壮工人于敞亮夜中操作，豪情声浪响震寒山，展现瑰丽壮伟、色彩斑斓的画卷。考古和文献记载，至今尚存有苦竹岭、百炉庄、玉镜潭、江祖石，还有大楼山、小楼山（今大小龙山）等诗人踪迹。

李白多次较长时间停留当涂。史载，唐武德元年（618），当涂县改属宣州（宣城郡）。县城西北（今县人民医院），三国吴赤乌年间，选建故孰（当涂前名）化城寺，南朝宋孝武帝扩建，唐代兴盛，到南宋初金兵攻陷当涂而毁。唐天宝年间，适逢县令李有则铸制大钟，李白受邀为之撰写《化城寺大钟铭并序》，文中“铜崇朝而山积，工不日而云会。乃采凫氏撰鸣钟，火天地之炉，扇阴阳之炭。回禄奋怒，飞廉震惊。金精转渣以融熠，铜液星荧而璀璨。光喷日道，气敌天维，红云点于太清，紫烟矗于遥海。”诗人旷世奇才，使事用典，灵活手法，叙述炼铜铸造工艺及景观精妙，内涵简洁充实，功效卓著。这是我国最早最长最美的铜钟铭文之一，是研究唐代社会思想、经济技术、文学艺术等价值的宝贵而丰富的重要史料。李白游览江南，曾在《金陵与诸贤送权十一序》一文中言：“而常采姹女于江华，收河车于清溪，与天水权昭夷，服勤炉火之业久矣。”证实诗人长久进行采汞矿（姹女为炼丹术药名），收四氧化三铅矿（河东为炼丹术药名），和工作伙伴权昭夷，一同承担采购矿石冶炼之任务。

李白晚年先后游历铜官山、清溪河等地域。“我自入秋浦，三年北信疏”（《秋浦寄内》），表明诗人迷恋矿冶，三年来参与从事采矿、运矿、冶炼等活动。“诗文证史”，可以讲李白成为“矿冶师”。诗人身历矿冶，掌握了一定的操作实际经验体会，又具有高超的文学水平，见识深广，怀有深厚的感情爱意，抒发豪爽奔涌感人肺腑的诗文，真实生动地描绘矿冶壮观画卷，抒写劳动人民的生活气息。这在中国万紫千红的古诗中，自《诗经》到唐代诗词，李白咏赞矿冶，歌颂工人，其文学、艺术价值极高，客观上形成了历史社会地位，开创了厚重的铜文化。

考古和文献记载，早在先秦时期，我国就开创了铜冶铸先进技术，制造了多类型的青铜器具。汉晋到隋唐时期，保持继续发展成就，反映出当时社会景象，成为中华民族文化遗产。李白一生游历诸名邑山川，在抒写众多的诗歌中有近百首写到了“铜”相关的文句，留下了相当深刻的记录，语言清新，感情真挚，别开生面，闪耀着青铜文化色彩。按照铜器物具的特色，摘选李白诗的主要名句，整理分类如兵器（剑刀）、货币（钱），生活用具（镜、炉、灯、壶）及其他实用物具叙述，显示出铜文化的艺术特色和文学史。（1）铜剑：“顾余不及侍，学剑来山东”（《五月东鲁行答汶上翁》），“三杯拂剑舞秋月”（《玉壶吟》），“抚长剑，一扬眉”（《扶风豪士歌》），“拔剑击前柱，悲歌难重论”（《南奔书怀》）等。（2）铜刀：“三杯弄宝刀”（《白马篇》），“横行青海夜带刀”（《答王十二寒夜独酌有怀》），“抽刀断水水更流”（《宣州谢朓楼饯别校书叔云》）。（3）铜钱：“清风朗月不用一钱买”（《襄阳歌》），“玉盘珍馐直万钱”

（《行路难》其一）。(4）铜镜："谁能揽镜看愁发"（《捣衣篇》)，"归来看取明镜前"（《长相思》）。(5）铜炉："博山炉中沉香水，双烟一气凌紫烟"（《杨叛儿》)，盖雕楼成山形铜炉，焚香烟升天空云霞"。(6）铜灯："金缸青凝照悲啼，金缸灭，啼转多。"（《夜坐吟》）(7）铜壶："银箭金壶漏水多"（《乌栖曲》）（古代称铜为金)，壶贮水，底有孔，水中有一支箭，上刻度数，随着水滴下漏，水平面下降而变化，用来计时。(8）铜鼎："入门上高堂，列鼎错珍馐"（《天津三月时》)，鼎器陈列错杂精美食物。"鼎湖飞龙安可乘?"（《登高丘而望远海》）史载，皇帝曾在荆山下铸鼎成后，乘飞龙升成仙，后世因名其地为鼎湖。(9）铜钟："客心洗流水，余响入霜钟。"（《听蜀僧浚弹琴》）《山海经·中山经》载："丰山有九钟，霜降则鸣钟。""见此弥将钟鼎疏"（《答王十二寒夜独酌有怀》)，贵族家中饮食时先鸣铜钟列席。(10）铜人："收兵铸金人，函谷正东开。"（《秦王扫六合》）秦始皇26年，收尽天下兵器，铸成12个金人，各重千石，置于宫廷。(11）铜雀："生前一笑轻九鼎，魏武何悲铜雀台。"（《鲁群尧祠送窦明府薄华还西京》）古传，夏禹铸九鼎（刻九州方物)，后商汤搬商邑，周武王搬洛邑，秦召皇搬时沉没泗水一鼎，八个不知下落，后世用作帝位代称。东汉建安十五年（210)，曹操在邺城（今河北临漳）西北筑铜雀台，高十丈，楼顶置铸铜雀，舒翼惹飞。

李白响遏行云的矿冶佳文，迎来了历代名人雅士去缅怀诗魂，千里跋涉驻足壮游铜官山（今铜陵)，吟咏铜文化。著名的有唐代诗人孟郊《结交》："铸镜须青铜，青铜购唐试。"北宋梅尧臣《铜官山》："碧矿不出土，青山凿不休。"王安石《胡氏逢原堂》："我爱铜官好，君实象其间。”苏轼《题陈公园》三首诗中：“看处青铜两处磨”“卷帘看尽铜官山”“落帆重到古铜官”。南宋王十朋《富览亭》：“一望之中万象新，铜官宝嶂悉生春。”历代众多文人名士因铜而来游览，留下了数百首赞扬古代铜工业的千古绝唱，成为中国最早的工业文学的起源地之一，展现历史悠久的铜文化灿烂之神韵。这是当今铜陵地区古代文库的瑰宝，值得骄傲、自豪。

李白诗石刻

文献和考古证明，铜陵境内并与毗邻的南陵、繁昌、青阳、贵池等地相连，存有众多的古铜矿冶遗址，发现大量的先秦到唐宋珍贵青铜器，其分布面积大，采冶时间早，产铜数量多，延续年代长，文化内涵十分丰富，从规模到时代跨度均属国内罕见。斗转星移，沧海桑田。中华人民共和国成立后，古老的铜陵揭开了崭新的历史篇章，建成当今我国重要的产铜基地，昔日的矿山所在地日新月异地成为长江流域一颗耀眼的明珠工业城。这充分证实铜陵有三千多年的矿冶史，无愧为名副其实的“古铜都。”改革开放的今天，与时俱进，抓住铜文化资源，继续发掘、研究古矿冶的丰富内涵，积极开展多渠道、多层次的铜文化活动，大力弘扬铜文化，扩大铜陵对外影响力和吸引力，促进经济文化繁荣和发展，谱写历史新篇章。

（2011年12月）

李白五松山踪迹

诗仙李白，主要生活在唐代开元、天宝年间，一生经历过供奉翰林、赐金放还、安史之乱等政治变故，大多数岁月“酷爱”漫游，痛饮狂歌，踪迹所到之处，几乎都留下华美的诗章，诗人晚年在求仕不得的忧愁困境中，时在宣城郡任长史的从弟李昭发书信邀请，决定只身离开“十载客梁园”（今河南开封），“明朝散发弄扁舟”，水陆兼程南下，于天宝十二年（753）初秋到宣城，浪迹江南的名胜山川。

李白对魏晋以来有成就的诗人，善于学习和吸取他们的长处，继承前代诗歌的优秀传统并发展创新，特别敬仰南朝齐诗人鲍照、北周诗人庾信、西晋文学家郭璞、著《后汉书》的南朝宋文学家范晔等。尤其好友孟浩然《夜泊宣城界》诗中“南陵”“梅根冶”，诗人心驰神往，慕名而往宣城郡周围的南陵及秋浦（今贵池）、陵阳（今青阳）、泾县等名邑，探幽揽胜，寄情山水，题诗咏赞。史载，南陵于南朝梁普通六年（525）置县，隋开皇九年（589）境区扩大含今南陵、繁昌、铜陵、青阳和贵池大部分地域等。古时铜陵地区先秦产铜，西汉设铜官，东汉设置铜官镇，三国吴及南朝齐梁至隋唐设置梅根冶，创造一方青铜文化，时在全国占有举足轻重的地位。

李白第一次来五松山是在天宝十三年（754）秋，只身由宣城到南陵，相见赞府（又称县丞）常建，受热情款待结友，同赴今铜陵，寓住五松山，兴游铜官山。作诗《与南陵常赞府游五松山》《于五松山赠常赞府》《书怀赠南陵常赞府》《答杜秀才五松山见赠》等篇。诗中均有“秋”，又言“我来五松山下”“征古绝遗老”“远客投名贤”等。记述诗人首次于秋风秋雨中“来”“投”“游”，问山名“无”，而定名“五松山”。李白在《游五松山》诗题下自注：“山在南陵铜井西五里，有古精舍。”即今铜官山矿西五里，天井湖东南侧。明嘉靖《舆地纪胜》记载：“五松山，在县南四里，山旧有松，一本五枝，苍鳞老干，乔翠参天。”以五松为山名，佳丽清幽，“胜境美沃州”，诗人陶醉五松山奇丽山川，迷恋铜官山矿冶壮观场景，赋诗《铜官山醉后绝句》：“我爱铜官乐”“拂尽五松山”，千古流传。“千峰夹水向秋浦”，诗人离铜陵泛舟而上，由“下江口”入清溪河到秋浦（今贵池），“我自入秋浦，三年北信疏”。第二年（755）春，诗人经陵阳溪到泾县，游览桃花潭，暮春返回宣城。当年11月，安史之乱爆发，李白避乱由宣城到溧阳、金陵等地。

李白第二次来五松山是在天宝十五年（756）秋，“我垂北溟翼，学南山豹且”。诗人避乱由金陵泛舟长江上行，船到宣城郡所属的南陵（铜陵）地域，想到好友崔钦（县令），作诗《江上答崔宣城》：“树绕芦州月，山鸣鹊镇钟。”史载，今铜陵县城北十里长山，三面环水，宛如鹊头，古为吴头楚尾之军事要塞，春秋设城建镇，六朝置鹊头戍，唐为鹊头镇。内接铜官山产铜外运的通江门户为港口，明代后衰退。诗人于船上听钟鸣，故地重游。“我宿五松山”（《宿五松山下荀媪家》）。诗人寓住五松山时，还胸怀情感题作送别诗，如《五松山送殷淑》《南陵五松山别荀七》，诗文使事用典抒发离情的抑郁、忧愁，心怀悲伤地离开，泛舟经秋浦到浔阳（今九江），隐居庐山屏风叠。

五松山太白轩

安史之乱第二年（756）12月，永王李璘舟师东下浔阳，诗人接受征召幕府。次年2月，永王兵败广陵（今扬州），12月诗人定罪囚后流放夜郎（今贵州遵义一带）。“江行几千里，海月十五圆。”759年2月溯江西上三峡巫山遇赦，重获自由，泛舟东下漫游一年。760年春写诗《经乱离后天恩流夜郎忆旧游书怀赠江夏韦太守良宰》，不久便到浔阳，寓居豫章（今南昌）。761年春，诗人又泛舟东下金陵，路遇今铜陵地域，思念曾游览富有情意的五松山，作诗《赠刘都使》：“铜官几万人，诤讼清玉堂。”诗人行至金陵发病，身弱又往来于历阳（今和县）、当涂等地。后诗人决计从军，因发病而返，岁暮投奔从叔当涂县令李阳冰，养病无望，762年11月卒于当涂。

（2003年8月）

北宋诗人咏铜陵之补充

多年来，利用退休之闲时，阅读北宋著名诗人郑獬、郭祥正、黄庭坚等诗文，发现诗人游览铜陵山川胜地，触景生情，抒怀赋诗。有些诗文未收入铜陵市早年编印《铜都历代诗词集注》，现拟为补充。现于此简述诗人生平，游铜诗文，供人赏识。

南宋王象之，庆元二年（1196）进士第，历官潼川府文学、知县等，以博学多识著称于世。宝庆三年（1227）编成《舆地纪胜》，现记载有关铜陵的三段文句：五松山在铜陵县南，铜官山西南，山旧有松，一本五枝，苍鳞老干，黛色参天。

李白《游五松山》诗云："征名绝遗老，因名五松山。"后苏东坡、郑獬、米芾、李纲俱有诗。

在铜陵，李白名曰"五松山"，因作诗以美，今五松山有宝云寺及李翰林祠堂。

郑獬（1022—1072），字毅夫，号云谷，湖北安陆人，少年时有才名，诗章豪伟峻整。皇祐五年（1053）进士第一，任陈州通判，入直集贤院，度支判官，知制诰，享正三品。治平年间，因上疏言，出知荆南，后还京判三班院。熙宁元年（1068），拜为翰林学士。因进谏伤人，遂权发遣开封府。又受王安石所忌恨，出为侍读学士，次年贬知杭州。病逝安陆。著有《郧溪集》三十卷。

熙宁二年（1069），郑獬乘舟长江下行，前往杭州，经池州齐山（赋诗），途铜陵上岸，缅怀李白，游览五松山抒怀赋诗。

五松山

李白尝游此有宝云寺

天上仙人谪世间，醉中偏爱五松山。
锦袍已跨鲸鱼去，唯有山僧自往还。

郭祥正（1035—1113），字功甫，又功夫，当涂人。皇祐五年（1053）中进士，任秘阁校理。至和元年（1054）因仕途蹭蹬，弃官回乡，自称“平生爱山水”。嘉祐二年（1057），复任南康军子县主簿。四年转任江州德化尉。熙宁三年（1070），调任武冈县令。熙宁六年（1073）任太子中舍，以军功迁升殿中丞，得知朝中有人嫉恨，遂辞官职回乡于青山屏居吟酌，自号“醉吟先生”。熙宁八年（1075）夏为桐城县令。元丰四年（1081），任汀州通判。元丰五年（1082）摄守漳州，因事忤吏部使者，遭诬冤狱。五年后平反，自号“漳南浪士”。元祐二年（1087），复被朝廷起用为转丞议郎，阶至朝清大夫，又出知端州。元祐四年（1089）以年迈归里，晚年隐居当涂青山，以诗为事。著有《青山集》三十卷。

至和二年（1055）初冬，郭祥正游览宣城，誉称宋诗的“开山祖师”梅尧臣相见叹曰：“天才如此，真太白后身也。”熙宁七年

(1074)夏，郭祥正漫游皖南，由宣城，经繁昌（隐静寺、马仁奇峰等），到铜陵地，居阮氏寓所游杏山，住寺院游五松山，感悟抒情题诗，点赞山美神奇。

清《铜陵县志》记载：杏山在县东二十五里。《广舆记》：昔传葛洪翁留此种杏，下有溪，落英飞堰，昔花堰耆以此得名。山产上殊，其穴土人以为丹塘也。宋郭祥正诗云："传闻花落流堰水，每到三月溪泉香。"对照《青山集》，发现诗文为"仔闻落英堰流水"，故县志记录有误，应以集本所录诗句为准。

诗人缅怀李白，寻索踪迹，游览五松山，返回故乡当涂，追忆夏游五松山有感抒情作诗。先述五松山于南朝梁时期，寺僧种松造林，茂盛青翠参天。诗人充满浪漫气息，运用神奇美妙的笔触，赞美五松山的清静幽雅。长短句式的错杂合拍，抒怀激越。

黄庭坚（1045—1105），字鲁直，号山谷道人、涪翁，洪州（今江西修水县）人，北宋治平四年（1066）中进士，历任校书郎、著作佑郎、叶县尉等。诗文名列"苏门四学士"之首，举为江西诗派鼻祖，书法又是宋代四大家之一。自幼刻苦攻读，一生宦海浮沉。著有《宋黄文节公全集》。

黄庭坚因修实录不实获罪。元丰三年（1080）初夏，由国子监教授改官知吉州太和县（今泰和县），从汴京往江南赴任，走水路，泛舟江上，经芜湖、途铜陵境，遇长江风大受阻，泊舟铜陵几日，游览五松山等名胜，感怀赋诗《阻风铜陵》《铜官县望五松山集句》等，已收录。现补充《送刘道纯》诗一首。

黄庭坚在县城相识交友铜陵主簿刘格，字道纯，刘恕道原之弟，为司马温公、苏轼所知。

送刘道纯

五松山下古铜官，邑居褊小水府宽。
民安蒲鱼少嚣讼，簿领未减一丘槃。
胸中峥嵘书万卷，簸弄日月江湖间。
稠人广众自神王，按剑之眼白相看。
老身风浪谙世味，如食橘柚知甘酸。
麒麟图画偶然耳，半枕百年梦邯郸。
平生樽俎宫亭上，涉世忘味皆朱颜。
此时阿翁尚无恙，追琢秀句酬江山。
堂堂今为蜕蝉去，五老偃蹇无往还。
大梁城中笏拄颊，颌髭今成雪点斑。
青云何必出公右，亨衢在天无由攀。
椎鼓转船如病已，梦想楼台落星湾。
子政诸儿喜文史，阿秤亦闻有笔端。
丹徒布衣未可量，诗书且对藜藿盘。
穴中生涯识阴雨，木末牖户知风寒。
我今四壁恋微禄，知公未能长挂冠。

黄庭坚泛舟离县城继续江上，遇长江水大受阻，泊舟竹墩山（竹山）麓，即大通镇址（古称澜溪镇即今老镇），感悟作诗《阻水泊舟竹山下》。诗人前往唐宝历三年（827）在竹墩山兴建后又修缮的相水寺，又称瑞相寺，览寺抒怀作诗点赞。

大通禅师真赞

前波法诵，后波大通。大通法涌，彻底澄空。

圆照愿海，千讴一实。圆通法流，滔天沃日。

三世一念，十方见前。铜崖铁壁，不可攀援。

见即弹指，蹉过万千。

大则偏圆异位，通则真假同源。

观者著眼，是传非传。

曾国藩大通情结

曾国藩（1811—1872），湖南湘乡人，原名子城，字伯涵，号涤生。清道光十八年（1838）中进士。曾任四川乡试正考官，翰林院侍讲学士、内阁学士等。擢礼部右侍郎，又历署兵、吏等部侍郎。咸丰三年（1853）初，奉命帮办团练，后扩编建为湘军。次年二月，会集湘潭，领兵进攻太平天国（岳州、武汉、九江、湖口等），先后交战数次，有败有胜。咸丰十年（1860）六月，以兵部尚书衔署理两江总督。七月补授钦差大臣，督办江南军务。次年十一月，奉命统辖江苏、安徽、江西、浙江四省军务。同治三年（1864）六月，太平天国天京（金陵）城破。次年五月，奉命督办直隶（今河北）、山东、河南三省军务，镇压捻军。同治六年（1867）五月，晋官大学士。同治七年七月，调任直隶总督。同治九年九月，又调任两江总督。同治十年（1872）二月初，病亡金陵。有《曾文正公全集》。

彭玉麟（1816—1890），生于安庆，祖籍衡阳，字雪琴。早从湘军水师，咸丰五年（1855），授轻东都尉，于长江克小姑山、破彭泽，顺流耀兵。咸丰七年，彭玉麟为水师协助。咸丰十一年九月，参与太平天国交战，攻克安庆。同治元年（1862），升安徽巡抚辞改任水师提督，复授兵部右侍郎，率水师策应陆师东下（九江至金陵）。三年参与攻战天京，加封太子少保。同治七年（1868），会同曾国藩奏定长江水师营（后回籍）。彭玉麟多年多次来往铜陵大通，后为曾国藩事业的臂膀。有《彭玉麟全集》。

现版《曾国藩全集》记述，曾国藩与彭玉麟，咸丰年由相识到密切，尤其两人后期多次来往。曾国藩于同治初期，先后两次乘船江下，途经大通，登岸住宿，地段视察。行使盐政，勘订章程，设招商局，商民称便，影响并带动了大通社会经济发展，其中和悦洲盐务兴起，相继设置三街十三巷，造就了独特的商贸繁华，促进了大通历史进步。

咸丰十一年（1861）八月初一，曾国藩船上得知太平军安庆失陷，一个月后，赴安徽省城安庆。同治元年（1862）正月初一，“雪琴来久谈”。五月二十九日，“雪琴自铜陵夹（江）来久谈，午正去。”十月，曾指派彭主办，在大通设置厘金局。

同治二年（1863）初，曾国藩奉命乘船离安庆，江下赴金陵。二月初一，“旋即开船行五十里，已刻（九时）至大通湾泊时许，至厘金局少坐，又至裴人营（水师），阅视形势，午刻（12时），仍登舟开行，又五十里至土桥”。曾国藩上午船停大通老街旁的夹江边，上岸行走和悦洲，视察厘金局、水师营房，观看四周地貌，知阅大通镇优越地域。

同治三年（1864）初秋，曾国藩在九江办理事项，奉命起程江下赶赴金陵。九月初四，“黎明开船，行百十里，至铜陵下（大通）湾泊，距荻港尚欠三十里，未达即泊，盖舟人畏风，过于慎重……傍晚至岸上散步，与幕中诸友畅谈。”初五开船至芜湖住宿，初八到金陵。曾国藩船行到大通夹江时，遇到大风，害怕意外，谨慎处理，傍晚泊船。曾国藩和同行幕僚多人上岸散步，观看周边风光，地理环境，尽情交谈，大通老街、和悦洲的历史地位，商贸社会的价值，留下一定的深刻印象。

同治三年八月十五日，曾国藩在长江西段湖口舟上，修改盐务奏折。十一月制定《淮盐运行皖岸章程》，其中第二条，“大通设招商局”（全文）：

> 中路售盐向以大通为总汇，本部堂札委刘牧履祥驻扎大通，设招商局，专司中路招商，验照抽秤，收厘各事务。唯大通镇销盐畅滞天定。上下口岸相距过远，不能仿照楚西之法。挨次销盐，现另刊护照，将下游大胜关、金柱关、狄港、大通，四卡厘金全行授纳，验照放行，俟盐到大通。每引兑完下四卡厘金，钱六千文，专充水路彭杨，陆路曾鲍四军之饷，按人数之多少均匀分派。运商完厘后，即将所领护照缴销，由大通局另给水程执照，转运他处。口岸销售，自大通以上，仍照旧章逐卡完厘。

晚清，淮南盐务以安徽为中路，大通为总汇。“章程”标示长江安徽段（皖岸）盐务招商局，设置大通和悦洲，利用优越的地理环境条件，发挥盐务管理作用，促进地域经济发展，具有重大的社会意义。

道光二十九年（1849），清政府为了统购食盐，设立盐务机构，选择长江下游中上段，地理位置优越的天然良港，发挥具有历史悠久的古老市镇作用，在大通设“楚西掣验局”，管理由长江下游的（扬州）盐运和盐商活动中心。扬州盐船经长江上行，开往楚岸（湖北、湖南省）、西岸（江西省），盐船途经大通局时，掣秤、验照、征税（凭票纳厘），一度形成“食盐集地”。

自大通镇和悦洲设置“盐务”管理机构后，促进了大通镇老街澜溪及和悦洲的商贸发展和繁荣。昔日，大通内江（夹江）上下来往的各路商务盐船、货船等，桅杆如林，长达10千米，云集和悦洲，进行验照、抽秤、收厘、放行，展示从早到晚的忙碌盛况。相传每月通过食盐可达10万余担。选择和悦洲中部临江大关口，隔内江对岸为澜溪街。兴建拥有十三进院落的官衙盐局，附属设有厘金局、盐仓、盐公堂、盐船、水师营房、水上关卡，还有船埠修理等设施。另外兴办服务性行业，如旅社、商贸店铺、娱乐场所等。

同治五年（1866）冬，李鸿章时为两江总督，又任钦差大臣，接管大通盐务局，更名“皖岸督销局”，第二年实行扩建设施，气势宏伟，社会经济效益显著。民国三年（1914）六月，北洋政府改名“皖岸榷运局”。民国十五年（1926），又改名为“盐务存放处”。抗日战争时期，皖南公路相继通行，和悦洲遭侵华日军轰炸成废墟。抗战胜利后，大通盐务机构，移设芜湖。历时80余年的大通和悦洲盐务事业，遂告结束。

古镇大通，昔日盐务机构生发，“一业带来百业兴”的繁盛局面。晚清至抗战前夕，大通镇形成一座规模良好的重要港口和繁荣商埠。复兴各种作坊，商行林立，相继有八大商帮、九家钱庄、五大银行分行、八大银楼、三十余家茶酒馆、三十多家旅社、四家戏院，还有电厂、报社等。和悦洲成为长江流域的江中沙洲，唯一的兴有“三街三十巷”的商贸城镇。

大通繁华时期，世称安徽“四大商埠”之一，美誉“小上海”。历史让人扼腕，抗日战争爆发，1938年1月，侵华日军飞机狂轰炸毁大通，老街与和悦洲闹市，残垣断壁，倾为废墟，令人痛惜。

古韵大通，盛世一度业绩，名垂青史。如今，漫步澜溪老街，行走和悦洲三街十三巷的遗址，感知难忘情境，追怀沧桑岁月，寻找挖掘古迹，提升文化价值。

（2017年11月）

孙中山情系大通

伟大的革命先行者孙中山（1866—1925），是中国近代伟大的民主革命家。辛亥革命爆发，推翻了清朝统治，结束了2000多年的封建帝制，创立了我国历史上第一个民主共和政体。1912年1月1日，孙中山在南京就任中华民国临时大总统。在孙中山主持下，南京临时政府于3月主持制订《中华民国临时约法》，经临时参议院通过公布，后又发布30多项法令。4月1日，孙中山正式辞职，让位袁世凯，任全国铁路督办，致力于社会实业活动以报效国家。

1912年10月18日，孙中山由上海乘联鲸号舰，沿长江而上，前往安徽安庆、江西南昌，视察矿山及皖赣两省铁路状况。20日到南京，22日起程直达省城安庆。省都督柏文蔚，接到芜湖快电："中山先生乘联鲸舰，将于午时，由芜湖到安庆。"柏文蔚委派驻军旅长兼宪兵司令胡万春率部，乘安丰舰到安庆江面下游迎接。据《民立报》报道，10月23日下午3时，孙中山抵达安庆，登岸受到柏文蔚及各界代表隆重欢迎，后登台演说2小时之久，盛赞"贵省禁烟办法，实可为各省模范也"。

1912年10月23日早上，联鲸舰行驶至大通和悦洲外江港口趸船码头。传告大通总商会负责人陈曙汀、李辉庭、袁子英及有关名士和百姓近百人，在码头上等待热忱欢迎。孙中山原想登岸，但要赶路前往安庆，时间有限，只好暂停。孙中山站在舰上，与同行人交谈，仰望和悦洲街的繁荣景象，深情地向洲岸人群挥手致意。面对时为安徽四大商埠之一的大通，又世称“小上海”的和悦洲，浮想联翩，自立军起义的悲壮场面在眼前展现，忆想往事，离思萦怀。12年前，1900年8月9日（农历七月十五），爱国革命义士秦力山，发动指挥大通自立军起义，壮举遭受失败，但对清朝统治以沉重的打击，政治影响不断扩大，对形势发展起了很大的促进作用。孙中山在日本曾先后会见了秦力山等自立军骨干，相识交谈融和，并大力支持反清革命活动。

秦力山（1877—1906），原名鼎彝，也名郎，字力山，别名遁公、巩黄，湖南长沙人。光绪二十三年（1897）十月，入长沙时务学堂，师从谭嗣同。1898年2月，参加谭嗣同、唐才常等发起的“南学会”。戊戌政变后，流亡日本，1898年12月任维新派梁启超主持创办刊物《清议报》笔政。1900年春，在东京发起组织留日学生第一个团体“励志会”。同年夏，秦和不少会员回国，到汉口参加自立军，被总指挥唐才常任命为前军统领。7月，秦力山秘密到安庆转至大通赴任，未得到起义延期信息，按期于8月9日，在大通发动指挥了自立军起义，与清军激战七昼夜而失败。随即到九华山避难，经南京、上海、新加坡，转至日本。因起义产生思想转变，由原拥康有为、梁启超逐与其绝交，转向孙中山。1901年5月，秦在东京创办《国民报》，是最早宣传反清革命思想的刊物。孙中山会见自立军骨干多人，并交谈，秦汇报大通起事，受孙中山赞扬，十分关心和支持办报刊，还捐助1000元印刊费。秦力山推荐介绍章太炎等人，会见孙中山。1902年冬，秦力山回国在上海首办《少年中国报》，因缺资弃办。后在长江中下游及广东一带运动会党，屡遭清方通缉。1905年春，秦力山从香港起程，经新加坡到缅甸，向华侨宣传反清革命，并撰文多篇。1906年夏初，秦赴云南干崖，开办学堂，为同盟会在云南活动开拓基地，10月11日、因染瘴气病故。秦力山于大通举行自立军起义，是反清革命思想的新起点，又是思想变化的拐角点；由初拥新保皇运动，后转向反清革命活动。孙中山曾评："志坚行单，洵足为革命党模范。"

孙中山直接或间接领导反清武装起义，虽然归于失败，但经验和教训，意识到长江中下游，交通便捷，地灵人杰，经济繁荣，文化发达，社会进步，其中长江中下游交界的大通自立军反清起事的壮举作用和启迪，实证大通名位的历史意义，孙中山已有深刻印记。前事不忘，后事之师。拟在长江带，发挥其地利特征，进行反清革命，是时代的必然选择，1911年10月10日在武昌爆发了辛亥革命，推翻了封建帝制。

孙中山先生于1924年12月，应邀力疾北上，次年3月12日，于北京病逝。1929年6月1日，孙中山灵柩奉安南京紫金山二峰南，世称"中山陵"。当年，孙中山灵车由北京专列南下，于浦口渡江到下关江岸。为缅怀孙中山伟人，南京市政府在奉安后，将所经之要道，于1928年修筑的迎道、码头等，改名为中山码头、中山北路、中山路，中山东路中山桥、中山门等。南京市的创举，很快扩展到全国各个大中小城市，均以"中山"命名地名，以示纪念。

历史佐证，往年孙中山身临大通，追怀自立军起事的历史作用。

大通人缅怀孙中山，与时俱进，将主要街道进行更名。大通江岸老镇澜溪街更名“共和街”，孙中山于1903年12月，演讲中提出“建立民国”“实行共和”，首倡共和为之终身奋斗，共和国体制的历史意义，影响深远。

和悦洲一街更名“中山街”，以中山名号传扬天下，名垂青史。二街更名“三民街”，孙中山于1905年11月，提出三民主义：民族、民权、民生，为民主革命的政治纲领。三街更名“五权街”，孙中山于1906年12月提出将来宪法，叫“五权分立”。1924年发表“五权宪法”，分立法、行政、司法、考试、监察五权。大关口至大轮码头，于1908年修筑的平坦马路，起名“中山路”，俗称中山马路。

大通原五地名的更名，让人铭记孙中山情意大通，彰显一个时代的重要特征印记，凝结一页历史的文化内涵丰富。

（2017年8月）

从铜陵走出的院士

铜陵产铜久负盛名，矿冶历史三千多年。1949年4月，铜陵谱写新的历史篇章，被列为国家重点铜矿开发建设工程，大江南北各地人员汇集于铜官山，克服困难，加速进行矿山恢复和建设，成为新中国第一个大型铜业联合生产基地。以铜发展，以铜兴市。忆昔日，铜陵建市前期，开发矿业，地质先行。

1950年6月，政务院财政经济委员会矿产测勘处，委派王兆瑾工程师带人来铜陵，组建铜官山测探队。1952年5月，更名321地质队，直属地质部。众多地质技术人员，来到321地质队，胸怀大志，勤奋工作，为铜陵找矿，增加储量，做出重要贡献。他们中有人后来又调到有关部门工作，长期从事地质研究，卓有成效，著称于世。历史见证，曾在321地质队工作过，并在铜陵这块宝地留有足迹，先后有五位地质学家，当选为中国科学院院士、中国工程院院士。多年来，院士仍关心铜陵发展，并亲临铜陵指导工作。往事在目简述，以至知人之明。

郭文魁（1915—1999），1933年考入北京大学地质系，毕业获学士留校任教。1945年9月，公费赴美国普林顿大学地质系进修，获美国联邦地质调查所的合格证书。1947年回国，主要进行野外实地调查。1952年4月，调往铜陵，为321地质队首任队长。1954年5月调到地质部和中国地质科学院工作（总工程师、研究所所长）。长期从事研究矿产区域和成矿规律，提出新概念、新见解。

1965年10月，郭文魁应邀来铜陵参加“铜官山地质现场会议”，并做学术报告。1980年当选为中国科学院学部委员（后称院士），曾获国家自然科学一等奖等奖项。先后多次出席国际性和全国地质科学会议。1987年当选为美国纽约科学院院士。

陈庆宣，1916年生，1941年毕业于西南联合大学地质系，在研究院地质研究所工作，从事区域构造研究。1952年6月，调往铜陵321地质队（工程师）从事矿产普查研究，发现了铜官山外围铁帽，扩大了铜官山铜矿储量可观和开采价值。1955年6月，调到中国科学院地质研究所（研究员），主要研究扭裂隙的形成条件和过程等，为西南地震地质、西北找石油和金属矿、全球构造动力等做出重要贡献。1991年当选为中国科学院学部委员（后称院士），曾参加一系列国际性学术交流会议。翻译出版李四光著《地质力学概论》（英文版），主编出版国际地质论文集三卷。

刘广志，1923年生，1945年毕业于西北联合大学地质系。1952年5月，调到铜陵321地质队（工程师），首任工务组长。从事铜官山矿区综合勘探，为开采做出重要贡献。1955年6月调到地质部工作。新中国地质部门探矿工程奠基人，涉足石油、地质、水文地质、工程地质等钻探专家（教授级高级工程师），研制推广人造金刚石小口径钻探五大技术，居世界先进行列。1985年获国家一等奖等。主编中英文版《金刚石钻探手册》，获部科技进步一等奖。1995年当选为中国工程院院士。

赵文津，1931年生，1952年6月毕业于清华大学物理系，7月分到铜陵321地质队，首任物探队队长，兼自然电场法负责人。研究铜官山、狮子山矿区地质构造、测定矿体的分布情况，做出积极贡献。1954年5月，调任地矿部科技司副司长，中国地质科学院常务副院长。主要从事勘探地球物理、大陆动力学等研究，成就卓越闻名。1994年当选为中国工程院院士。后任中美国际合作项目《喜马拉雅及青藏高原剖面和综合研究》中方首席科学家。

常印佛，1931年7月生，1952年6月毕业于清华大学地质系，7月分到铜陵321地质质队，先后任技术员、工程师、总工程师等。历时26年于321地质队工作，从事地质勘查、科学研究和技术管理，做出重大贡献。提出了具有中国特色的矿床类型和陆（板）内成矿带成矿理论，进一步丰富和发展了矽卡岩和陆（板）内成矿理论和区域成矿学，并在找矿实践中取得了一系列重大勘查成果。1978年调往安徽省地质局任总工程师，安徽省科协副主席。先后获国家科技进步特等奖，地矿部科技进步一等奖等，获国家省部级有突出贡献的科学家和劳模称号。1991年当选为中国科学院学部委员（后称院士），1994年遴选首批中国工程院院士。

另外，我国月球探测工程首席科学家欧阳自远，1935年生，1957年初，录取为中国科学院地质研究所矿床学研究生，主要研究长江中下游的铜矿和铁矿的成因。1959年到铜陵实习，半年来，在铜官山铜矿辛苦作业，到露天和井下，进行观察、描述、拍照，提取矿岩样品十几箱运回北京。后为中国科学院地球化学研究所研究员、所长。

1991年，当选为中国科学院学部委员（后称院士），是第三世界科学院院士，中国矿物岩石地球化学学会名誉理事长。

还有铜陵市第一中学，有两位毕业生，后来当选为院士。其中一位是陈星弼，他于1940年高中毕业，后考入同济大学电机系。为半导体电力电子器件及微电子学专家，提出新的电荷法基本方程，发明了耐压层的三种新结构。1999年当选为中国科学院院士。吴旻：于1944年高中毕业，后考入同济大学医学院。1958至1961年，到苏联留学，获博士学位，为肿瘤遗传学家。开创现代人体细胞遗传学研究，专攻食管癌的动态、分化、治疗等研究。1980年当选为中国科学院学部委员（后称院士），为北京协和医科大学和中国医学科学院教授。

（2009年9月）

后　记

中国古铜都铜陵，历史文化悠久，具有独特的铜资源禀赋，铜地铜山铜矿铜材铜天下，依铜兴盛，以铜得名，因铜立市。

铜陵是青铜文明发祥地之一，西汉元封设有全国唯一的“铜官”，东汉初设置“铜官镇”。东晋义熙侨置定陵县，隋开皇并入南陵县。唐文德元年（888），割化南陵西地，设置义安县，治所顺安，南唐保大九年（951），改名铜陵县，治所迁移江浒的古铜官镇，历久开发铜业，在全国占有主要的社会地位。

中华人民共和国成立初期，国家关注重点建设铜官山铜矿，设置工程处，矿务局。同期，设立铜官山办事处，1953年12月，成立铜官山区，列为城市中心区域。1956年10月，成立铜官山市。1958年6月，更名铜陵市。1964年7月，改名铜陵特区。1972年1月复名铜陵市至今。

改革开放以来，铜陵成为“中国古铜都，当代铜基地”，在特定的历史环境中，铜陵快捷发展新作为，见证了古铜都的千年沧桑，记载了新铜陵的辉煌岁月，传承着古今铜陵的历史、地理、科技、民俗及现代文明等多元素的文化内涵，铭刻了一段神奇色彩，铸就了时代的历史印记。

退休二十余年，仍喜欢文史方志及书册，收益甚多。自1961年赴铜陵工作、生活五十多年的岁月经历，目见铜陵日新月异的记忆犹新。通过学习文笔，实地调查，走访老者，考证研讨，整理写作，记述铜陵某一事件、地名、物资、风俗等历史画卷，澄清以往迷糊不实而补正。

本书在中共铜官区委宣传部的大力支持下得以出版，有关单位或好友热忱提供资料，在此一并表示衷心感谢。由于材料等种种原因，加上某些历史因素，收集文献范围所限，作者水平也有限，难免存在不足之处，恳请读者不吝赐教。

尹定根

二〇一八年十月